Oser la confiance

Propos sur l'engagement des dirigeants

Bertrand Martin

Vincent Lenhardt

Bruno Jarrosson

Oser la confiance

Propos sur l'engagement des dirigeants

INSEP ÉDITIONS
29, rue Marsoulan
75 012 Paris

ISBN : 2-901323-69-3
ISSN : 02916770

INSEP ÉDITIONS
29, rue Marsoulan
75012 Paris

Sommaire

Présentation des auteurs

Bertrand Martin

Né à Alger en 1928. Polytechnicien, ingénieur du Génie Maritime.

Après une carrière riche en expériences variées, il est appelé à la présidence de CCM Sulzer, pour en assurer le redressement. P.-d.g. de CCM Sulzer de 1984 à 1992 puis de New Sulzer Diesel France de 1990 à 1996, il accepte également de 1992 à 1996 la présidence de *Convergence,* société de conseil en management, centré sur la « convergence » de l'économie et de l'humain. Aujourd'hui, il se consacre à promouvoir, selon son expression : *« Une entreprise vivante par et pour des hommes vivants ».*
Pour lui, croissance de l'entreprise et croissance de l'homme sont liées. Cette symbiose nécessite des mutations du comportement des hommes et du fonctionnement des entreprises. C'est à la fois un défi et un enjeu pour l'avenir.

Il propose à des dirigeants, dans le cadre d'une association qu'il a créée, des séminaires de réflexions et d'échanges et intervient en accompagnement de responsables ou d'équipes de direction.

Il témoigne dans les clubs *Progrès du management* du CNPF et anime des commissions d'études au CFPC et à l'ACADI. En 1993, il est « Grand Témoin » aux Assises Nationales du CFPC à Grenoble.

Publications :
Articles de Presse. Cassette vidéo du témoignage donné aux Assises Nationales du CFPC à Grenoble en 1993.

Vincent Lenhardt

Né en 1942. Consultant, HEC, études MBA (Université de Chicago) et Ph. D en psychologie, fondateur et président-directeur général du cabinet conseil *Transformance.* Spécialisé dans l'accompagnement individuel des dirigeants (coaching) et des équipes de direction (team building). Visant le développement de l'intelligence collective dans les organisations par l'alliance entre les acteurs, *Transformance* forme également des consultants sur des périodes longues à ces approches, ce qui lui donne en même temps le statut d'une école managériale.
Transformance : 4 av. Winston Churchill - 94220 Charenton-le-Pont - Tél : (1) 49 77 76 00

Ancien Président de l'*Association européenne d'analyse transactionnelle* (EATA).

Expert auprès de l'*Association Progrès du Management* du CNPF.

Il est un des animateurs actifs de l'Unité de Recherche du Centre Entreprise du Monastère Notre-Dame de Ganagobie (monastère bénédictin situé près de Manosque, dans les Alpes-de-Haute-Provence).

Auteur d'un livre de référence sur le management : ***Les responsables porteurs de sens*** *- Culture et pratique du Coaching et du Team-building,* INSEP ÉDITIONS, 1992.

Autres publications :
- *L'analyse transactionnelle, concepts et procédures, bioscénarios, perspectives spirituelles,* Éditions Retz, 1992.

- *Analyse transactionnelle et bio-énergie (en collaboration avec Jean-Michel Fourcade),* Éditions Universitaires, 1981.
- *Analyse transactionnelle, outil de communication et d'évolution,* (en collaboration avec A. Cardon et P. Nicolas), Éditions d'Organisation.
- *Interactive Transaktionasanalyse Wege zur Orientirung und Autonomie* (ouvrage en Allemand non encore traduit, en collaboration avec G. Kottwitz) Institut Für Kommunikationstherapie.

Cassettes audio accompagnée de livrets :
- *Les sept degrés de l'autonomie*
- *Comment choisir sa psychothérapie et en intégrer les différents aspects*
- *Passerelles, l'intégration du développement psychologique et du développement spirituel*
- *Les responsables porteurs de sens,* Éditions Sonothèque média

Bruno Jarrosson

Né en 1955, Ingénieur de l'École Supérieure d'Électricité.
- Depuis 1988, Chef de projet à l'*Association Progrès du Management* (120 clubs rassemblant 2 200 chefs d'entreprise). Intervenant en philosophie des sciences à l'École Centrale et à l'École Supérieure d'Électricité.

Publications :
- *Invitation à une philosophie du management,* Éditions Calmann-Lévy, 1991.
- *Invitation à la philosophie des sciences,* Éditions du Seuil, 1992.
- *Briser la dictature du temps,* Éditions Maxima, 1993.
- *Décider ou ne pas décider ?* (Prix Dauphine Entreprise en1995), Éditions Maxima, 1994.
- *Le décideur et les stratégies financières* (avec Francis Olivier et Marc de La Chapelle), Éditions Dunod, 1994.
- *La stratégie réinventée* (avec Michel Zarka), Éditions Dunod, 1995.

Partie I :

Une histoire de confiance

par Bertrand Martin

1 Un témoignage en guise de questionnement

Je suis né à Alger, la Méditerranée a nourri mon enfance et ma jeunesse. J'y ai puisé mes images de la vie : des journées radieuses de soleil, de calme et de beauté où tout invite à la joie de vivre et à l'exaltation du rêve, brutalement interrompues par des coups de vent rageurs qui rappellent à la réalité de la lutte et du risque. Un pays qui donne un sens naturel à la culture et à l'histoire de notre civilisation ; un pays qui porte en lui les signes inspirateurs des textes fondateurs que nous enseignaient nos maîtres : la mythologie et la philosophie grecques, la poésie latine, l'Ancien et le Nouveau Testament. Je les ai reçus avec mes camarades de lycée chaleureux et passionnés où se retrouvaient toutes les origines méditerranéennes, toutes les religions issues de ces rives : israélites, musulmans, protestants, catholiques, orthodoxes ; barrières infranchissables dans une vie d'étude néanmoins commune, qui nous obligeait à nous reconnaître et à accepter nos différences.

Mon père, ingénieur qui construisait des barrages domestiquant l'eau nécessaire à la vie, et ma mère, issue d'une famille industrielle catalane, m'ont transmis le goût de l'entreprise et du négoce. Ces racines m'ont conduit à devenir ingénieur du génie maritime pour construire des bateaux porteurs de mes rêves d'enfance d'aventure et d'horizons sans limites.

Je n'ai jamais pu en construire. Hasard ou signe, je ne sais. Marin plus qu'ingénieur peut-être, j'ai vite été plus intéressé puis passionné par les hommes que par la technique. J'ai découvert que si les problèmes techniques clairement posés trouvaient pléthore de compétences intellectuelles pour les résoudre, les difficultés essentielles provenaient de nous-mêmes et de nos relations avec nos semblables. Ces difficultés souvent insurmontables et admises comme telles devenaient des blocages. Les causes réelles des échecs d'apparence technique trouvaient le plus souvent leurs sources dans des difficultés relationnelles.

Notre formation supérieure nous avait rendus experts dans la résolution de problèmes scientifiques, laissant au hasard des vies de chacun le soin de nous préparer à nous gérer nous-mêmes et à nous rendre capables de communiquer avec les autres. Peut-être, en ce sens, mon éducation méditerranéenne m'avait-elle donné quelques avantages.

Si maîtriser la matière requiert des raisonnements auxquels nous étions rompus, se maîtriser soi-même et permettre aux autres d'acquérir cette maîtrise relevait d'une évolution lente et difficile, toujours remise en question. Par contre, les effets d'un tel progrès étaient spectaculaires sur l'ensemble des problèmes à traiter. C'est ainsi que j'ai vécu des expériences humaines qui m'ont éloigné de mes connaissances d'ingénieur pour alimenter des réflexions comportant plus d'interrogations que de réponses.

Toujours mené par mon goût de l'aventure et du changement quand il se présentait, ma vie professionnelle a été une suite d'escales riches en découvertes. C'est ainsi que je suis passé du service public au secteur nationalisé puis dans des entreprises privées contraintes d'évoluer rapidement, souvent en crise, voire en faillite. Finalement, j'ai assumé la responsabilité pendant douze ans de la filiale française d'un puissant groupe étranger. J'ai toujours eu la chance d'être sur le terrain au contact proche des usines ou des chantiers. J'ai aussi travaillé en France avec des Bretons, des Algériens, des Provençaux, des Normands et des Parisiens et à l'étranger avec des Italiens, des Russes, des Allemands, des Américains et finalement avec des Asiatiques : Japonais, Indonésiens, Chinois, Philippins et Australiens. Je n'ai jamais connu de situations faciles. J'ai toujours été confronté à des impératifs de changements rapides, pour faire face à des crises dues à la sévérité de la concurrence internationale, notamment japonaise, dès le début des années soixante dans la construction navale.

J'ai vécu péniblement la lutte des classes qui paralysait des sociétés en perdition, avec le sentiment d'un immense gâchis. Un schéma de fonctionnement omniprésent, fondé sur l'obéissance imposée à ceux qui exécutent par ceux qui savent ou possèdent, dressait les hommes les uns contre les autres dans des luttes internes suicidaires faisant le jeu de la concurrence. Pourtant, les hommes remarquables tant par leur valeur professionnelle que par leur engagement ne manquaient ni dans les ateliers ni dans les directions ; il suffisait d'écouter les uns et les autres pour s'en convaincre. Mais un mur, mélange épais et confus de méfiance, d'histoire, d'idéologie et d'incompréhension, interdisait l'écoute réciproque.

Dans ces conditions, les actions de changement les plus simples devenaient impossibles, les outils techniques les plus performants inopérants et les stratégies les plus élémentaires impraticables. Le management de terrain se résumait à une guerre d'usure, mélange d'autorité, de menaces, de récompenses, de ruses et de duperies réciproques. La méfiance, la peur et le rapport de forces, plutôt que la confiance et le respect de l'autre.

Peut-on encore rêver d'une entreprise où tous les hommes aient une place digne d'eux ?

Les discours sur la ressource humaine se vulgarisent. Pourtant bien peu y croient, les doutes et les réticences restent la règle, l'évolution est lente et les retours en arrière fréquents. Les réflexes de base restent les mêmes et les comportements autoritaires réapparaissent à la première alerte. Le respect des hommes serait bon pour la paix mais pas pour la guerre.

Or, les entreprises se font la guerre.

C'est, pour être convaincu du contraire, persuadé qu'il y a, au-delà d'un enjeu vital pour les entreprises, un enjeu de société, choqué par des attitudes de mépris et d'irrespect toujours actuelles, surpris et étonné de l'inconscience de nombreux managers mais conscient aussi des difficultés des changements nécessaires que je me suis décidé à témoigner. Je n'ai pas l'intention de proposer un modèle - ce serait naïf - ni de raconter une histoire - voire une belle histoire qui appartient aux acteurs - mais plutôt de réfléchir au travers d'expériences vécues à des concepts de management ouvrant des perspectives inconnues en termes de performance des entreprises et de développement des hommes.

Une fenêtre s'ouvre sur un nouveau siècle qui pourrait être celui de l'homme retrouvant dans la dignité de son être la maîtrise de sa croissance et de la création d'un monde plus humain.

J'ai souhaité faire appel à deux amis intéressés comme moi par ce défi pour qu'ils joignent leur musique à la mienne et que le lecteur puisse nourrir sa réflexion personnelle dans la complémentarité des approches :

Vincent Lenhardt, consultant, thérapeute est expert en accompagnement des personnes et des équipes. Également didacticien, il est l'auteur d'un ouvrage : *Les responsables porteurs de sens* (INSEP ÉDITIONS, 1992).

Bruno Jarrosson est ingénieur, chef de projet à l'Association Progrès du management. Auteur de plusieurs ouvrages de management, notamment : *Décider ou ne pas décider ?* (Maxima, 1994) et avec Michel Zarka, *La stratégie réinventée* (Dunod, 1995).

Ce livre est un questionnement ouvert sur l'avenir. Il se veut à la fois humble et ambitieux.

2 Mon expérience

Le service public

Ayant acquis à l'École polytechnique d'abord, puis à l'École nationale supérieure du Génie maritime une formation d'ingénieur - remarquable au plan scientifique et technique, mais très limitée au plan humain - j'étais, en débutant ma carrière, à l'Arsenal de Lorient dans la situation décrite par un illustre ancien, Auguste Detœuf : *« Quand il aura sinon bien compris, du moins bien absorbé tout ce qu'il y a dans la pensée humaine de général, de sec, d'inutile, de vain, de difficile sans délicatesse, de compliqué sans vie véritable, mettez-le dehors et jetez-le dans l'industrie. S'il ne réussit pas, c'est qu'il n'y avait vraiment rien à faire. »* Extrait de *Propos de O.L. Barenton, confiseur - Comment faire un ingénieur ?*

J'ai heureusement, dès mon arrivée, reçu le conseil d'un camarade, Jean Garnier, conseil dont j'ai toujours fait grand profit : *« Si tu veux réaliser quelque chose, passe beaucoup de temps dans les ateliers et sur les chantiers à parler et surtout à écouter. La nuit est préférable, les personnes parlent facilement et calmement. La réalité ne se trouve pas dans les bureaux de direction. »*

J'ai ainsi découvert à tous les niveaux des hommes remarquables, fiers de leur travail, désireux de bien faire, conscients de leurs responsabilités ; des hommes souvent irrités ou passifs face aux blocages multiples des supérieurs, des services voisins, du manque d'argent, des règlements, des refus incompréhensibles. J'ai vu une solution simple à un problème ou une amélioration évidente devenir impossible. J'ai découvert avec étonnement que les choses se faisaient malgré tout grâce à des réseaux d'hommes entreprenants, dévoués et courageux ; qu'elles se faisaient de façons différentes de celles fixées par les consignes venues d'en haut.

L'énergie nécessaire à l'action se trouvait davantage dans le cœur des hommes que dans les notes de service. Le dialogue et l'écoute faisaient office d'engrais et le papier était à ranger du côté des désherbants. Derrière certains Attila du management aux désherbants efficaces, l'herbe ne repoussait pas.

Affecté à la réparation des sous-marins, j'ai eu la chance, au cours de plongées pour essais, de découvrir l'intensité de vie et la qualité de performance d'équipages liés solidairement, face aux risques, de façon physique par la coque épaisse de leur sous-marin. Cette image est restée pour moi le modèle du rassemblement de l'équipe : « Tous ensemble » face aux objectifs et aux défis.

De cette expérience, je garde le souvenir de la fierté que donne aux hommes de tous niveaux l'appartenance à un grand corps d'État, de l'attachement à la performance technique, pour un produit prestigieux, le navire de combat. Je garde aussi le souvenir du respect des hommes, de la qualité des relations humaines qui en découlaient.

Mais l'argent nous était octroyé, pris sur le budget public. Nous ne pouvions le gagner. Le compte d'exploitation n'avait qu'une colonne, celle des dépenses. Au plan financier, nous étions dépendants et la technique n'avait pas sa contrepartie financière.

Le secteur nationalisé

L'appel à volontariat pour participer au « Plan de Constantine » lancé par le Général de Gaulle m'a ramené dans l'Algérie de mon enfance en « mission hors cadre » auprès d'Électricité et Gaz d'Algérie en charge de la construction d'une centrale électrique, sur le champ de gaz d'Hassi R'Mel. Période passionnante, émouvante et douloureuse où se trouvent mêlés l'aventure pétrolière, le Sahara, la guerre et finalement le déchirement des communautés et l'abandon du pays qui avait marqué ma jeunesse, dans un gâchis généralisé.

Au plan professionnel, j'étais sorti de mon milieu protégé pour rencontrer, dans une ambiance passionnante, le monde des entreprises et de la réalisation des grands projets. J'avais franchi le pas qui sépare le service public de l'entreprise nationalisée. Il s'agissait cette fois de fournir à toute une population, de façon sûre et au moindre coût, un produit vital pour son développement : l'énergie. La réalisation des travaux par des entreprises nous apprenait à gérer des contrats et des projets à multiples participants, à être maître d'ouvrage plus que réalisateur. La motivation était très grande. Mais si nous étions témoins proches et organisateurs de la compétition, nous n'y étions pas nous-mêmes. Nous étions spectateurs, pas acteurs. Protégés par notre statut, nous jugions sans être jugés.

J'ai connu des promotions successives rapides. La signature des accords d'indépendance avait conduit à la mise en place d'un plan de rapatriement à l'Électricité de France de tous les agents d'Électricité et Gaz d'Algérie. J'avais choisi de partir avec le dernier contingent et la direction générale, soit six mois après l'indépendance, délai prévu pour permettre la mise en place d'une relève. En charge d'un service d'équipement thermique, j'ai ainsi assisté aux départs, non remplacés, de quelques centaines d'agents de tous les services composant la direction de l'équipement. À chaque départ d'un chef de service, j'étais nommé à sa place. Je suis ainsi peu à peu devenu responsable de deux services d'équipements thermiques, puis de deux services hydrauliques, puis du service des lignes et postes. Finalement, j'ai été le dernier habitant de cet immeuble de cinq étages où logeait cette direction, seul en définitive pendant un mois, je recevais les représentants des entreprises qui revenaient de France réclamer leurs impayés, suite à la débâcle et aux dommages de guerre subis sur tous les chantiers d'Algérie. J'étais chargé d'examiner en quelques heures les réclamations présentées et de proposer une transaction et un paiement immédiat. Arrivé le matin, l'entrepreneur repartait le soir avec un chèque signé par la direction générale. Heureuse surprise pour ceux qui avaient fait l'effort de revenir. Pourtant ils ont été peu nombreux.

Impression de très grande puissance pour le jeune ingénieur que j'étais, qui après avoir veillé soigneusement à la mise en ordre de tous les dossiers au départ de leurs titulaires, jouissait de tous les pouvoirs et se livrait à des méditations sur l'aventure humaine. Et n'ayant jamais vu la moindre relève, le jour prévu pour mon propre départ, j'ai fermé l'immeuble et glissé la clé dans la boîte aux lettres.

J'étais cette fois décidé à tenter l'aventure de l'industrie privée et de la compétition.

Le secteur privé

Les chantiers de La Seyne et la CNIM

Embauché par les Chantiers Navals de La Seyne-sur-Mer, j'ai effectivement trouvé cette compétition dès mon arrivée. Les chantiers navals japonais livraient des navires à un prix inférieur à celui de nos seuls achats. Même avec une productivité infinie, nous n'étions pas compétitifs.

Peu de temps après mon arrivée, j'assistais à une réunion exceptionnelle du directeur. Discours pathétique, le retard pris n'autorisait plus le lancement du bateau prévu un mois plus tard. L'avion spécial amenant le ministre devait être annulé. C'était le désastre, la honte. *« Cette fois,* disait-il, *vous avez passé la limite, tout est perdu ».* À la sortie, un contremaître se tourne vers moi : *« Il va se faire du mal, ce pauvre homme ! Vous devriez lui dire, vous qui êtes jeune, il ne faut pas qu'il se mette dans des états pareils... On va lui lancer,* ***son*** *bateau, on lui a toujours lancé ! »* Et le bateau fut lancé à la date prévue.

Cette phrase a été ma première leçon de pyramide à l'envers, mais le terme n'existait pas encore.

Faute de navire à construire, je me suis trouvé en charge de développer des activités dites de reconversion. Les bateaux, ce n'était décidément pas pour moi. Avec une petite équipe de pionniers qui acceptaient de quitter l'activité navale - et il n'y en avait pas beaucoup malgré la gravité de la situation - nous avons recherché et réalisé de nouveaux produits : tubes lance-missiles pour sous-marins nucléaires, chaudières d'incinération d'ordures ménagères, turbines industrielles, mécanique nucléaire, escaliers mécaniques. Aujourd'hui, ils forment l'essentiel d'une société prospère, la CNIM, et l'on joue aux boules sur le site rasé du chantier naval.

J'avais pu mesurer les performances d'une petite équipe soudée et décidée à relever les défis du changement et de la diversification, mais aussi la gravité de la fracture sociale dans les multiples conflits sociaux qui précipitaient l'issue fatale de la construction navale en interdisant toute solidarité face aux défis. Et pourtant, sur les chantiers comme à la direction, les hommes de valeur ne manquaient pas.

La raffinerie de Normandie

Entre-temps, j'avais cédé à l'appel du président de la Compagnie Française de Raffinage qui me proposait de conduire une vaste opération de restructuration de la raffinerie de Normandie, l'une des toutes premières du monde par sa capacité et sa diversification de produits. J'avais accepté, séduit par la perspective d'entrer dans une industrie prospère et sans doute lassé par les soubresauts conflictuels d'une construction navale moribonde.

L'opération a été menée finalement sans trop de difficultés dans une industrie capitalistique disposant de gros moyens et où le coût de la main d'œuvre pèse peu face à la valeur de la production et des investissements, ce qui conférait aux syndicats une arme quasi absolue et à l'argent le monopole des moyens de résolution des problèmes humains, ce qui était pour moi frustrant.

Nous avons battu le record du monde de production pour recevoir, un an plus tard, le coup du premier choc pétrolier et devoir envisager des réductions importantes de capacité.

Décidément, après le drame algérien, la faillite de la construction navale, la crise pétrolière achevait de me convaincre que le monde était entré en mutation et que ni les hommes ni les systèmes de direction n'y étaient préparés. Rappelons que le thème à la mode était alors la civilisation des loisirs.

Les Chantiers de Bretagne

C'est alors que le président du chantier de l'Atlantique m'a proposé la direction générale des A.C.B. à Nantes (ex-Ateliers et Chantiers de Bretagne), chantier naval reconverti dans la grosse mécanique, offshore pétrolier, presses hydrauliques, équipements agro-alimentaires, industrie nucléaire, réducteurs et hélices pour navires. J'ai donc quitté l'aisance financière pour retrouver mon métier plus rude et plus humain. Les équipes étaient de grande valeur, capables de réalisations de pointe dans des niches innovatrices rendant l'activité motivante pour les hommes. Mais nous étions condamnés dans trop de domaines différents à innover constamment dans des prototypes très techniques sur des marchés marginaux. Une telle situation nécessitait des choix stratégiques fondamentaux et des investissements importants orientés vers l'avenir. Les réticences de l'actionnaire à les envisager rendaient l'avenir incertain et précaire malgré les résultats obtenus et la qualité des hommes. Le véritable pouvoir était trop loin de notre réalité.

Le groupe Sulzer

Le groupe suisse Sulzer m'a alors appelé à la présidence de sa filiale en France, la C.C.M. Sulzer, prise dans la crise de la construction navale française, son produit principal étant les très gros moteurs de propulsion de navire pour les chantiers navals français. Les pertes financières étaient importantes mais le groupe décidé à investir pour sauver sa filiale.

Je n'ai pas hésité. J'avais cinquante-cinq ans, j'étais en fin de carrière. J'avais vécu de grandes frustrations, le départ de l'Algérie, la crise du chantier naval de La Seyne, la crise du raffinage pétrolier dominée par des enjeux financiers et stratégiques qui me dépassaient, les difficultés d'un ancien chantier naval reconverti par manque de stratégie et de moyens financiers. J'avais mesuré les ressources considérables du potentiel humain bloquées par des impératifs supérieurs mais aussi par un manque généralisé de confiance qui empêchait de les libérer. Jeune ingénieur à La Seyne, je m'étais solidarisé avec des grévistes menacés dans leur emploi et j'avais à cette occasion été reçu par des ministres parfaitement informés, déployant une énergie considérable avec des résultats décevants, car leur pouvoir était en définitive très limité.

Cette fois, si le problème stratégique pouvait paraître critique, voire désespéré, les produits Sulzer étaient au plus haut niveau mondial, la volonté de l'actionnaire ferme, son engagement financier assuré, le personnel de haute qualité et la situation justifiait pour moi les pleins pouvoirs.

Il ne m'était pas possible de ne pas relever le défi, de laisser tout cela aboutir à une nouvelle faillite, de ne pas aller jusqu'au bout de la mobilisation des hommes pour réagir à la crise. C'était un défi personnel, une revanche à prendre.

Sous condition d'une totale liberté d'action, j'acceptais de m'engager. J'adressais aussitôt une lettre à chacun des membres du personnel pour leur dire ce qui m'animait : sauver ce qui pourrait être sauvé. La situation était critique : marché en voie de disparition pour le produit principal, le moteur diesel, dont dépendait la survie de l'usine, carnet de commandes asséché, usine en horaires réduits, stocks importants. Le moral était au plus bas, les cadres et certains dirigeants démissionnaient. Après les opérations de préretraite déjà effectuées, le plan de restructuration me laissait le soin de procéder à un licenciement sec important. Ce licenciement me paraissait sans fondement stratégique, tout juste propre à achever la démoralisation, pour des économies sans commune mesure avec les pertes financières.

Le plan de restructuration faisait du retour à l'équilibre financier un préalable à toute stratégie de diversification vers de nouveaux marchés.

Premières décisions

Le regroupement à Mantes

Le premier jour, visitant les 450 personnes du siège à Paris, on m'expliqua que le problème se situait à l'usine de Mantes sise à cinquante kilomètres de la capitale. Le deuxième jour, visitant les huit cents personnes de l'usine, on m'expliqua que le problème était au siège... Le troisième jour, je confirmais donc au comité d'entreprise ma décision de transférer le siège à Mantes, comme cela était proposé par le plan de restructuration. *« Nous serons peut-être toujours aussi mauvais, mais au moins, nous aurons la satisfaction de l'être ensemble.* » Symbole du « tous ensemble », trois mois plus tard, nous étions tous regroupés à Mantes et le siège était vendu. La crise devenait perceptible à tous ; pas seulement aux ouvriers réduits au chômage partiel. Et j'avais découvert à cette occasion que des ingénieurs du siège n'avaient jamais vu l'usine.

La direction

Simultanément, je décidais de créer une direction générale tricéphale en embauchant deux hommes neufs en tant que directeurs généraux adjoints :

- Xavier Craplet en provenance de l'industrie comme directeur industriel chargé de la technique et de la production ;
- Bernard Gauthier en provenance de l'ingénierie comme directeur opérations chargé de l'ingénierie et de l'exécution des contrats ;
- Moi-même conservant en propre la direction commerciale, la direction du personnel et la direction financière.

Tous les trois nous partagions les mêmes convictions, nous n'étions pas liés au passé et nous avions scellé un pacte de solidarité dans la responsabilité du redressement de l'entreprise. Cela me paraissait la condition du succès.

Aucun des anciens directeurs n'était remplacé mais la matrice était croisée. De responsables de lignes de produits, les directeurs devenaient directeurs de grandes fonctions, vente, achats, bureau d'études, production, etc. Ceci permettait de serrer les rangs, de renforcer les compétences éparpillées dans les lignes de produit, d'atteindre un seuil critique par fonction sans remplacer les vides laissés par des départs de spécialistes et de me rendre interlocuteur unique des directions produits du groupe suisse pour ce qui concernait la stratégie, le commercial, les finances et les hommes.

Le consultant

Pour accompagner le changement, un homme extérieur à l'entreprise m'apparaissait indispensable. J'ai appelé à l'aide un consultant, Robert Sarrazac, un ancien officier que j'avais entendu quelque temps auparavant. Il avait un discours passionné sur l'homme et un dynamisme vital extraordinaire *« J'ai un cas pour vous, l'électro-encéphalogramme est presque plat. »* Après un échange décisif et le constat de nos convictions communes pour tout miser sur la confiance en l'homme, il a accepté.

L'électrochoc

L'équipe ainsi formée, il fallait impérativement un électrochoc qui remette les personnes debout et leur redonne le goût d'entreprendre. Je n'avais pas d'autre solution que de présenter la réalité de la situation dans toute sa vérité et de tenter de provoquer un sursaut collectif. Notre source d'énergie serait le robinet de la vérité.

On me demandait : *« Qu'allez-vous faire ? Quelle est votre stratégie ? »*

On attendait toujours le salut d'en-haut, le bateau coulait et on me demandait ce qu'il fallait faire. *« Je ne sais pas, il faut boucher les trous et pomper. C'est vous qui savez où sont les trous et ce n'est pas moi qui pomperai. »*

Le directeur des ressources humaines m'a dit : *« Faites attention, j'entends dire : « On est perdu, le nouveau chef ne sait pas ce qu'il faut faire. »*

- « C'est peut-être le début du salut. Il faut bien qu'ils se prennent en main. »

Pendant que je m'occupais, avec les banques et les clients, à retrouver de l'argent et des commandes, Robert Sarrazac a plongé dans l'entreprise, rassemblé les hommes, relayé mon discours. *« Le président attend de vous des propositions. C'est le moment d'y aller. »* Il a constitué un « Comité des neuf » : neuf cadres, agents de maîtrise et ouvriers chargés d'enrôler les volontaires et de constituer des « groupes d'étude et de proposition », les GEP. Une sorte de mobilisation pour la patrie en danger. Le mythe de Valmy, cher aux Français.

Je n'ai fait que signer la note nommant les membres du Comité des neuf :

« Qui sont-ils, comment les avez-vous choisis ?

- Vous n'avez pas besoin de le savoir. Si je me suis trompé, personne ne s'inscrira, j'aurai échoué, je repartirai. Sinon tout le monde sera volontaire.

- Mais encore ?

- C'est très simple, j'ai demandé un peu partout dans l'entreprise des noms de personnes sur lesquelles s'appuyer pour un redémarrage. Ceux qui ont été plébiscités sont inscrits sur la liste. La hiérarchie les ignore généralement. Ce sont les leaders naturels. Ils forment le réseau de confiance qui fait fonctionner la maison. Ils ne roulent pas pour eux, ni pour le patron, ni pour les syndicats. Ils roulent pour l'entreprise. »

« Le Comité des neuf » était dynamique, enthousiaste, il y a eu un premier GEP formé, puis deux, trois et le mouvement est parti. Tous les sujets proposés étaient acceptés sans réserve. À mon arrivée sur le site de Mantes, deux mois plus tard, 30 à 40 % du personnel, ouvriers, techniciens, employés travaillaient dans des groupes. Par contre, quelques groupes de cadres seulement s'étaient formés, les directeurs s'abstenaient.

Mystère du fonctionnement hiérarchique de notre société de castes, le « tous ensemble » n'était pas pour tout de suite. Il y a des barrières difficiles à abattre.

Ces groupes étaient très motivés, mais on me disait :

« Qu'allez-vous faire de toutes ces propositions que nous préparons ? Est-ce que cela va être comme d'habitude ? Elles termineront dans un tiroir ? Rien ne changera ? »

Robert Sarrazac m'a alors proposé l'électrochoc que j'attendais : réunir l'entreprise au complet une après-midi entière et donner la parole aux groupes d'étude et de proposition pour que toute l'entreprise puisse écouter. Mon rôle se bornerait à écouter et à prendre acte. Après une réunion ouverte et franche avec les représentants des groupes d'étude et de proposition et du Comité des neuf - où j'ai passé un interrogatoire de deux heures sur mes intentions, mes idées, mon projet - ils ont accepté le principe de cette assemblée d'entreprise. Je n'avais rien dissimulé de la gravité de la situation, pas même la très grande probabilité de licenciements. Mais je m'étais engagé à faire réaliser 70 % des propositions qui me seraient faites dans les six mois.

Le comité de direction était réticent : *« Nous n'avons toujours pas de commandes, pas de stratégie, une menace de licenciement pèse sur le personnel et nous allons réunir toute l'entreprise, syndicats compris, pour écouter ce qu'il faut faire. C'est ça votre proposition ? Faisons au moins les licenciements avant. »* Ce qui m'apparaissait de bon sens. Mais Robert Sarrazac s'est mis à rire : *« Vous, les patrons, vous ne comprendrez jamais rien. C'est pour tenter d'éviter les licenciements que nous allons faire cela. On ne mobilise pas après la bataille, on mobilise avant pour limiter les pertes. »*

Et nous avons lancé l'assemblée d'entreprise sans avoir pris la décision concernant les licenciements. Le travail s'est intensifié dans les groupes qui disposaient d'un mois pour préparer l'événement placé sous la responsabilité du Comité des neuf.

Les responsables de groupes m'interrogeaient :

« Nous, syndicalistes, est-ce que nous pourrons participer ?

- Oui, bien sûr, à la condition de faire des propositions pour améliorer l'entreprise. C'est la seule règle.

Et encore :

- Est-ce que les groupes pourront traiter n'importe quel sujet ? Y compris les licenciements ?

- Oui bien sûr, sinon cela n'aurait aucun sens. C'est votre avis qu'il faut entendre, c'est à vous de juger si cela sera profitable à l'entreprise, ce n'est pas à moi.

- Bien sûr, vous voudrez contrôler ce que nous allons dire ? Il faudra vous le présenter avant ?

- Il n'en est pas question. Ça n'aurait aucun sens. Je veux vous écouter et je n'ai aucun critère me permettant de juger la pertinence de ce que vous allez dire.

- Et qu'est-ce qu'on fera après ?

- Je m'engage à vous aider à réaliser 70 % de vos propositions dans les six mois. »

L'authenticité jusqu'au bout, la liberté jusqu'au bout, la confiance jusqu'au bout. L'écoute avant, la parole après. Telles étaient les conditions de l'électrochoc. Et c'en fut un.

Devant mille personnes réunies pendant près de quatre heures sans interruption, trente-six groupes composés de plus de 300 volontaires ouvriers, employés, agents de maîtrise, techniciens, cadres ont présenté l'essentiel des 450 propositions qu'ils avaient élaborées.

Cet événement a été vécu intensément avec une densité d'écoute exceptionnelle.

Au travers des propositions, tour à tour marquées par le bon sens, la gravité ou l'émotion voire l'humour, l'entreprise se découvrait dans sa réalité globale, avec ses défauts et ses insuffisances, ses problèmes de fond mais surtout avec un formidable désir de progresser, un espoir de renouveau, une volonté de s'engager. Un rêve partagé d'une entreprise où chacun à sa place pourrait s'exprimer, être écouté, considéré et se réaliser, où les barrières de castes tomberaient, où les relations entre personnes et services seraient franches, confiantes et efficaces, où nous serions tous solidairement responsables de la réussite de l'entreprise.

« Nous pensons qu'il est grand temps de briser la formule : « L'esprit pense et le muscle exécute. » Il y a aussi l'équation : « Patron plus ouvrier égale lutte à résoudre ». Faisons corps et front communs car l'ennemi est ailleurs. » Tonnerre d'applaudissements. *« Il faut considérer chacun à sa place à sa juste valeur, lui permettant d'évaluer les pour et les contre sans avoir à rougir devant son collègue et sûr d'être à la bonne mesure. Peut-être cela, monsieur le président, résume et concrétise notre rêve. »* Tonnerre d'applaudissements.

Plus simplement : *« Cela irait beaucoup mieux si l'on se disait bonjour en arrivant le matin. »*

- Et puis une succession impressionnante de propositions simples, de bon sens, pour faciliter le travail et pour remédier à des blocages, voire à des absurdités.

- Moment d'émotion, un technicien monta au micro pour dire : *« Je pars en retraite dans quelques mois, jusqu'à ce jour je m'en réjouissais, maintenant je le regrette car aujourd'hui est le plus beau jour de ma vie, celui dont j'ai rêvé toute ma vie professionnelle. »*

Ainsi, peu à peu, l'entreprise se révélait avec ses richesses, ses insuffisances et ses blocages, mais aussi avec une formidable envie de faire, d'agir, d'en finir avec le gâchis, de changer.

Je pris la parole pour conclure : *« Nous savons maintenant ce qu'il faut faire, et il faut le faire tous ensemble. Sinon le problème n'a pas de solution. Est-ce que vous le voulez ? Si nous ne le faisons pas, nous n'avons aucune chance de nous en sortir. Si nous le faisons, nous avons quelques chances de nous en sortir. J'attends votre réponse. »*

Comme ils me l'ont dit plus tard : *« Vous nous aviez remis le bébé dans les bras. »*

De la parole à l'engagement

L'assemblée s'est terminée par un vote à main levée, scellant l'engagement collectif.

En sortant, dans la foule, une personne à qui je faisais part de mon étonnement devant la qualité de cette réunion, me répondit : *« Pour une fois qu'une direction nous appelle à l'aide, nous n'allions pas la lui refuser. »* Le cri de la dignité.

J'étais impressionné. Nos craintes antérieures n'avaient aucun sens. Ni sifflet, ni chahut. Tout le contraire, un grand enthousiasme, une grande maturité, une prise de responsabilité collective. Les tâches à accomplir, la vision commune, les valeurs espérées, le rêve entrevu étaient les nôtres. Nous en étions les garants tous ensemble. Mon mandat personnel était maintenant d'assurer la réalisation des propositions plébiscitées. L'entreprise s'était redonné un sens et une raison de vivre. Beaucoup plus tard, au cours de séminaires de formation, nous sommes revenus sur l'événement. J'ai questionné :

« Pourquoi cet enthousiasme ? Pourquoi cet engagement ?

- Nous avions un espoir fou.

- Mais pourquoi ?

- Peut-être parce que vous n'aviez rien dit. Vous ne nous aviez pas menacés. Vous étiez ouvert et on vous sentait sincère. Et vous sembliez confiant.

- Pourquoi personne n'a sifflé ?

- Mais c'était impensable, nous nous serions sifflés nous-mêmes. Et puis on ne tire pas sur une ambulance. Nous nous sentions responsables. Vous n'aviez rien contrôlé. »

Ainsi, peu à peu, sont sorties les conditions de la libération de l'énergie :

- La franchise sur la réalité de la situation.
- L'appel à tous qui reconnaît la valeur de chacun et solidarise l'entreprise. Pas d'exclu.
- L'écoute préalable à toute déclaration pour ouvrir le champ sans limites.
- La liberté jusqu'au bout, sans contrôle, qui responsabilise et permet l'appropriation.
- La confiance jusqu'au bout qui appelle la confiance.

Vérité, liberté, confiance sont des absolus non manipulables car la dignité de l'homme est en jeu.

On m'a souvent dit : *« C'était une question de survie, la dernière chance. C'est cela qui a déclenché ce dynamisme. Vous avez bénéficié du fait que l'entreprise se trouvait le dos au mur. »* Sans aucun doute, le point est d'importance. Mais ce n'est pas la raison première du mouvement engagé. Cette expérience a été renouvelée par Robert Sarrazac dans de nombreuses entreprises de toutes tailles, certaines très performantes avec des managers très différents. J'ai visionné les enregistrements vidéos. Ils sont tous étrangement semblables, avec les mêmes caractéristiques fondamentales :

- un engagement exceptionnel des personnes,
- un enthousiasme collectif,
- jamais d'opposition.

Le rôle de Robert Sarrazac, seul point commun, est sans aucun doute essentiel, mais une expérience, à ma connaissance, a été faite sans lui, avec le même résultat. Il faut chercher ailleurs. La réponse se trouve dans l'écoute attentive des bandes d'enregistrement de toutes ces expériences. Elles expriment toutes un rêve fou face à une réalité déprimante. Le rêve d'une entreprise où chacun serait reconnu « à sa juste valeur », où chacun pourrait aller jusqu'au bout de ses capacités, de ses talents, où les relations seraient harmonieuses, où l'on s'écouterait et où l'on se ferait confiance. Rêve d'une entreprise où l'on serait solidaire dans la recherche de la performance commune. Et ce rêve est commun à tous les hommes d'entreprise.

Mais la réalité, c'est la non-écoute, la méfiance, les luttes de pouvoir, les rivalités, les ambitions personnelles, les dysfonctionnements, les blocages de toutes sortes, les multiples gaspillages. Alors peu importe que l'entreprise gagne de l'argent ou pas, qu'elle réussisse ou non, dès que l'on soulève le couvercle, que l'on pose la simple question : *« Que faudrait-il faire pour que ça aille mieux ? »* c'est l'explosion : *« Ah ! Vous voulez savoir ? Eh bien, on va vous le dire... »* Et cette énergie est intarissable car plus l'entreprise progresse, plus le rêve s'éloigne. Le marin que je suis sait bien que l'horizon ne s'atteint jamais mais que si l'on progresse sur la mer, chaque soir voit se lever des étoiles nouvelles. Il n'y a donc pas à se soucier de l'énergie, elle est toujours considérable. Seules comptent les conditions de sa libération. Et ces conditions sont exigeantes.

Comment aller jusqu'au bout de la vérité, de la liberté, de la confiance, de la désappropriation ? Comment ne pas garder quelques sécurités, ne pas tout dire, censurer quelque sujet difficile, conserver quelque contrôle. Et pourtant ces réserves suffisent à tout détruire car elles sont signe de méfiance, empêchent l'appropriation, nient la reconnaissance de la valeur des personnes et surtout déresponsabilisent, ouvrant la voie à toutes les contradictions et à tous les risques. Et que restera-t-il de l'énergie lorsque seront mis en place structures, organisations, plans, procédures, contrôles, mesures ? À quoi sert la plus belle des turbines si elle n'est pas alimentée par une chute d'eau ? Le paramètre essentiel n'est-il pas la hauteur de la chute ?

Telles étaient mes interrogations. Comment gérer une entreprise qui se transforme à ce point, qui manifeste un tel désir de faire ? Mais à des conditions aussi contraires à nos réflexes les plus élémentaires.

La question est apparue dès le lundi suivant. Le comité de direction était déstabilisé, d'autant plus qu'on ne l'avait pas entendu.

- *« Qu'attendez-vous de nous ? Notre démission sans doute ? »* m'a dit l'un des directeurs.

- *« Je n'y ai pas songé et je regrette si vous avez été choqué. »*

Nous avons ouvert un débat. Il n'y avait que deux possibilités. Soit refermer le couvercle pour que tout rentre dans l'ordre. C'était sans doute encore possible mais cela mettrait fin pour longtemps à tout changement. La déception serait immense et les conséquences imprévisibles. Soit se mettre au service de ces GEP pour les faire réussir. Ils ne pouvaient rien faire sans nous et nous pouvions au contraire enclencher des changements en profondeur sur ce qu'ils avaient proposé. Ceux qui s'engageraient dans cette voie seraient très vite reconnus.

Il n'y avait en réalité plus le choix. Il fallait réussir l'opération pour accélérer la dynamique et développer la confiance dans des possibilités nouvelles. Les propositions devaient se réaliser au plus vite.

De fait, il s'agissait de retourner la pyramide, de passer d'une entreprise au service de la direction à une direction au service de l'entreprise. L'accueil fut pour certains très réservé. Le chemin à parcourir restait considérable. Des séminaires réguliers, exigeants, nous ont permis plus tard d'évoluer ensemble, de progresser dans nos comportements et notre confiance réciproque, d'imaginer d'autres formes de management. Ce fut et c'est encore, malgré le chemin parcouru, difficile. Rien n'est jamais acquis lorsqu'il s'agit de relations humaines. Plus on a de pouvoir, plus la remise en question s'avère difficile. Nous n'étions plus dans le domaine du faire mais dans celui de l'être.

Tous ensemble

Si la fête permet de rêver, les lendemains sont durs à assumer.

Les groupes d'étude et de proposition, les GEP, chargés de veiller à l'exécution de leurs propositions, retrouvaient la réalité, les obstacles, les blocages toujours présents. S'est engagée alors une marche en avant pénible et laborieuse, qui dure toujours. Comme la volonté de vivre, elle est sans limite ; un véritable parcours pédagogique.

De façon significative, la première proposition réalisée a été la banalisation du parking et la suppression du parking de la direction. Il n'y a pas de changement véritable qui ne s'attaque d'abord à des symboles de l'ordre ancien. Le « tous ensemble » exigeait des signes concrets.

Et simultanément, de multiples initiatives de décloisonnement de l'entreprise ont vu le jour :

- Une opération « les métiers s'expliquent » ; des groupes dans chaque service organisaient la présentation de leur métier, de « ce qu'ils faisaient », de leurs problèmes, de leurs difficultés, de leurs ambitions. Pour mieux se faire comprendre. C'est ainsi qu'un groupe d'ouvriers prit en charge de faire comprendre au reste de l'entreprise la réalité de son travail et organisa une journée portes ouvertes à usage interne.

- Puis s'est instauré « le transfert bénévole des connaissances » pour mettre en commun, partager, échanger le potentiel de connaissances détenu par l'entreprise. Initiation à l'anglais, à l'informatique, à la communication, à la gestion, aux différentes techniques. Chacun pouvait proposer d'enseigner un savoir et des séances s'organisaient spontanément. Rien de tout cela, bien sûr, n'était rémunéré. Et ceci sans barrières hiérarchiques. C'est ainsi qu'une assistante d'ingénieur passionnée par le sujet organisa des séances de formation à la communication pour les vendeurs de la direction commerciale, y compris le directeur.

- Un groupe « météo » s'est créé pour lutter contre les faux bruits abondants dans cette période d'inquiétude. Il s'agissait dans les délais les plus rapides de rétablir les vrais bruits après consultation des instances responsables. L'information fiable est devenue une exigence pour tous, d'autant plus que chacun pouvait découvrir à travers débats et rencontres une réalité différente de la langue de bois habituelle. C'est le personnel lui-même qui se donnait les moyens de répondre à ses attentes.

- Une journée portes ouvertes sur le thème du « match économique mondial » fut organisée pour inviter les familles à venir partager le défi et présenter la nouvelle réalité de l'entreprise.

- Dans des débats ouverts à tous sur le thème des « batailles commerciales », les vendeurs exposaient de façon vivante le déroulement des négociations avec ou sans la réussite ou l'échec et l'analyse de nos points forts et de nos points faibles. Le personnel découvrait une réalité insoupçonnée. Les vendeurs, pour leur part, étaient souvent surpris devant l'ignorance de leurs problèmes. La compréhension mutuelle « tous ensemble » des enjeux s'établissait. Le client, la compétition devenaient présents à tous.

- Ainsi, peu à peu, s'est instaurée une culture du débat libre qui permet d'écouter les multiples points de vue sur des sujets qui intéressent tout le monde.

- Ainsi, peu à peu, l'entreprise apprenait à se connaître, à élargir sa vision, à entrer dans le « global » comme disait Robert Sarrazac, et à entrer dans la complexité de la réalité. Il en résultait des découvertes stupéfiantes après des années de vie côte à côte en s'ignorant. On me disait : *« On croyait que c'était de leur faute et on découvre qu'ils ont les mêmes problèmes que nous. »*

- Un groupe s'est proposé pour faire une charte des valeurs. Il a consulté l'ensemble du personnel et s'est retrouvé enseveli sous les réponses, dans l'impossibilité de faire une synthèse, car il n'était pas question d'éliminer la proposition de quiconque. Il a alors organisé une fête des valeurs autour d'une énorme corbeille pleine à déborder de toutes les réponses, tirées au sort au milieu des applaudissements. On a dit qu'il valait mieux vivre les valeurs que les énoncer. Il n'y a pas eu de charte des valeurs.

Des murs d'ignorance et de méfiance se fissuraient. Un jour, un groupe d'ouvriers m'arrête dans l'atelier pour me dire : *« Vous voulez que nous fassions la guerre. Nous sommes d'accord, mais où sont les officiers ? »* Je rapporte cette question aux cadres. La réaction est vive pour ne pas dire violente.

« Je comprends votre réaction, mais ce n'est pas mon jugement c'est le leur. Peut-on espérer gagner avec un personnel qui dit cela au président ? »

Quelques semaines plus tard, les cadres organisent une journée portes ouvertes pour le personnel d'ateliers dans leurs bureaux. Ils expliquent ce qu'ils font : leur charge de travail, leurs difficultés, les enjeux pour la société. Le personnel découvre un monde ignoré. Les cadres découvrent des hommes intéressés, anxieux de savoir ce qu'il faut faire pour progresser. La communication est rétablie, le dialogue repart sur la base de réalités et sur une confiance rétablie.

- Autour du comité de direction, se réunit régulièrement un groupe de cadres pour débattre de façon la plus libre possible des problèmes de l'entreprise. Ce groupe était renouvelable par tiers de façon à ce que chacun puisse avoir l'occasion de participer à ces rencontres.

J'étais étonné de voir à quel point les efforts étaient axés sur le désir de comprendre, de voir, de connaître, de faire tomber les barrières. Le « tous ensemble » était devenu l'aspiration de tous. Et je n'arrivais pas à réaliser à quel point chacun était dans l'ignorance de l'autre, de ce qu'il était et de ce qu'il faisait, à quel point chacun était dans l'incompréhension de la réalité des problèmes qui se posaient à l'entreprise.

Difficile changement

Mais si tout ceci contribuait à changer le climat général de travail, à décloisonner l'entreprise, à mieux se connaître, se reconnaître, se comprendre, il s'agissait davantage de signes que de réalité. Le comportement de la hiérarchie évoluait peu. Dans les GEP, certains se dépensaient sans compter pour aboutir, d'autres se décourageaient, abandonnaient. Il se disait qu'il y avait ceux qui s'occupaient ou même qui s'amusaient dans les groupes divers et ceux qui « travaillaient ». Et l'on ne savait pas comment travailler autrement que par le passé dans une organisation morcelée et rigide. Certes, les propositions faites, du moins les plus concrètes, se réalisaient peu à peu grâce à l'acharnement de quelques-uns et étaient affichées chaque semaine - mais les avis étaient partagés. S'agissait-il de changements superficiels ou de changements en profondeur ? Le doute se réinstallait. La réalité restait très loin du rêve entrevu.

Une phrase revenait souvent : *« Il ne faut pas que ça redevienne comme avant. »* Le noyau de mordus se battait avec énergie.

Un jour, l'entreprise se couvrit d'affiches : le portrait d'un homme emberlificoté dans ses refus, « l'abominable homme des non », celui qui refuse toujours tout, qui ne veut pas, qui bloque, qui a peur. La méthode était un peu terroriste, mais il devenait plus difficile de s'opposer.

Un groupe d'agents de maîtrise m'a appelé pour me dire : *« Nous travaillons énormément pour réaliser toutes ces propositions mais ça ne change pas vraiment. Plus on en fait, plus c'est comme avant. Nous ne changerons l'atelier que si nous changeons nous-mêmes. Aidez-nous à changer. »* Les problèmes extérieurs nous renvoyaient à nous-mêmes.

Changer l'entreprise, changer soi-même

Ainsi, il ne suffisait pas de faire, de ranger, de mettre de l'ordre, de revoir l'organisation, de mettre en place des outils. Tout cela était important mais il manquait l'essentiel. L'essentiel était de changer, nous, les personnes.

Je leur ai proposé un formateur. Ils ont fait un parcours avec lui. Quelques mois plus tard, ils m'ont présenté une charte des agents de maîtrise. Ils y décrivaient ce qu'ils voulaient être, leur place dans l'entreprise, leur responsabilité, leur engagement d'un grand niveau d'exigence.

Ils demandaient que les relations changent, que cette hiérarchie dominante laisse la place à un partenariat dans la confiance entre des hommes qui se respectent. Il fallait arrêter les luttes : luttes de chefs, luttes entre les services, entre les personnes.

Après la dimension collective du changement, il fallait attaquer le problème des relations entre les personnes et des attitudes et comportements individuels. « La qualité des relations » était proclamée première des qualités de l'entreprise. Vivre au quotidien l'échange, le respect mutuel, la confiance, l'engagement. *« C'est ça que nous voulons ».*

Bien plus tard, les cadres à leur tour sentirent la nécessité de faire leur charte de comportement pour s'engager à lutter contre l'individualisme, le manque d'engagement, les attitudes de domination ou de blocage. Travail jamais terminé, tant les tendances habituelles sont fortes.

Les tendances habituelles sont fortes

Pour la hiérarchie il s'agit de partager un peu de son pouvoir, pour le personnel il faut oser franchir le pas de la soumission à l'engagement, de l'obéissance à l'autonomie et à la responsabilité. Les changements fondamentaux ne se décrètent pas. Ils ne peuvent résulter que d'un long et difficile cheminement.

Pour le personnel, le changement se fait, pour chacun, peu à peu, en assurant chaque pas. Le premier étant d'oser parler, certains mirent longtemps à le franchir. Puis de prendre confiance en soi et dans les autres. Les retours en arrière sont immédiats au moindre danger. Mais lorsque le goût de l'indépendance est pris, ce retour n'est plus possible. L'adolescent qui quitte la maison n'y revient plus qu'en adulte. Les premiers qui passent font passer les autres et les plus réticents finissent par se décider. Il faut pour cela montrer l'étoile et vaincre les peurs.

C'est un travail de chaque instant. Chaque événement quotidien, chaque parole, chaque décision est l'occasion d'un éveil de la vie ou d'une fermeture et d'un repli sur soi. Aucun instant n'est jamais neutre. C'est le rôle de la hiérarchie d'y veiller. Encore faut-il qu'elle soit convaincue du bien fondé de la démarche, et qu'elle ait elle-même fait ses propres pas. Elle les fait quand elle voit les résultats et qu'elle prend confiance. C'est un duo permanent, une avancée commune et partagée.

On m'a souvent demandé quel a été mon rôle dans cette étape. Question difficile, mais je pense qu'il a été surtout d'incarner une détermination sans faille à progresser dans la voie tracée par la volonté unanime manifestée par l'assemblée d'entreprise, d'accorder mon soutien à ceux qui étaient les moteurs de ces changements, d'intervenir sur les blocages qui m'étaient signalés, de travailler étroitement avec le comité de direction sur les problèmes soulevés par ces changements.

L'essentiel étant de ne jamais accepter l'impossible. Le chef d'entreprise me paraît devoir être celui qui n'accepte jamais une situation figée ni l'obstacle jugé infranchissable. Parce qu'il sait qu'au-delà des raisonnements les plus pertinents, il y a toujours des énergies potentielles considérables dans le cœur des hommes.

En définitive, la peine et l'énergie d'une minorité, mais aussi l'adhésion commune à une vision partagée, ont permis que l'essentiel des propositions de l'assemblée d'entreprise soit réalisé dans l'année qui a suivi.

Les résultats

Pendant ce temps, que devenait la situation de l'entreprise ?

La priorité donnée à la bataille commerciale a permis de reconstituer en quelques mois un carnet de commandes convenable, grâce notamment à une exceptionnelle commande à l'exportation gagnée par une lutte très âpre.

Trois mois après l'assemblée d'entreprise, l'horaire normal de travail était rétabli et les licenciements prévus au plan de restructuration annulés. L'objectif restait bien entendu le retour à l'équilibre financier. À défaut de stratégie, l'encadrement me pressait de définir des objectifs.

« Les objectifs me semblent assez évidents, disons réduire les dépenses de 10 % et augmenter les recettes de 10 %, ça devrait suffire et cela ne me semble pas difficile à atteindre.

- Mais il faut des objectifs personnalisés.

- Eh bien, disons que si l'on est vendeur, il faut vendre dix francs ce que l'on vend neuf francs. Pour les acheteurs, il faut acheter neuf francs ce que l'on achète dix francs. Pour tout le monde, il faut téléphoner en neuf minutes au lieu de dix. Tirer quatre-vingt-dix photocopies au lieu de cent, arriver neuf minutes en retard au lieu de dix, etc. Est-ce qu'il faut que je continue ? »

La société s'était couverte d'affichettes : - 10 %. Un groupe d'ouvriers m'arrête un jour pour me dire :

« - 10 %, ça suffit pour sauver l'entreprise ? » Ils n'en revenaient pas.

« Je ne sais pas, mais ça suffit pour retrouver la confiance de l'actionnaire.

- Parce que vous savez, monsieur le président, - 20 % c'est facile et quelquefois - 30 ou - 40 % c'est possible. »

Le carnet de commandes reconstitué, les progrès de productivité rapides dans beaucoup de domaines, et notamment dans la production, la réalisation de la multitude de petites et grandes améliorations proposées par les GEP, le travail considérable de l'encadrement pour réaliser ou faire réaliser toutes les recommandations du plan de redressement, la nouvelle maîtrise des contrats par la direction des contrats, nous ont permis de retrouver l'équilibre financier bien plus tôt que prévu. À ce moment, il n'y avait pas eu de changement de stratégie commerciale, les gros investissements déclenchés dans l'usine n'étaient pas encore en service, les licenciements prévus au plan n'avaient pas été nécessaires.

Somme toute le pompage avait été efficace et le navire flottait de nouveau. Résultat inespéré, presque impensable qui, s'il a étonné l'actionnaire, eut peu d'effet sur le personnel. La notion de rentabilité n'a guère de prise sur le terrain et personne n'accorde vraiment de crédibilité à ces chiffres tenus pour suspects. Je découvrais que le retour à l'équilibre avait peu de sens. Seuls étaient perçus les multiples changements intervenus sur le terrain et surtout la volonté commune de s'en sortir.

Le problème stratégique demeure

Si le navire flottait à nouveau, le problème du marché n'avait pas été réglé pour autant. Il s'est rappelé à nous brutalement. Pour pallier la forte décroissance du marché des moteurs de navires, des efforts avaient été entrepris sur le développement du marché des moteurs pour centrales électriques, principalement à l'exportation. Efforts au plan commercial, bien sûr, mais aussi au plan des études en investissant dans la mise en place d'une ingénierie des centrales et d'équipes de direction de projets. Ce marché était encore loin de pouvoir se substituer à celui de la construction navale.

C'est au moment même où nous fêtions le succès du retour à l'équilibre financier que le gouvernement a pris la décision brutale de fermer les trois grands chantiers navals de la Normed, qui nous assuraient encore une grande partie de notre charge. Cette fois, le licenciement était inévitable. Un coup très dur : tous les efforts n'avaient donc servi à rien, la fin des moteurs marins intervenait trop tôt, l'avenir était à nouveau compromis. Avec les syndicats, l'alternative était claire : la lutte et le déchirement ou le dialogue et la concertation. La brutalité de l'événement et son importance ont permis de convaincre que le licenciement était inévitable en toutes hypothèses. La dynamique de confiance, déjà développée, a sans doute permis que le dialogue s'engage et que le conflit soit évité.

Nous nous sommes mis au travail avec les syndicats, longuement, difficilement. Nous ne nous sommes arrêtés que lorsque nous avons estimé de part et d'autre que nous ne pourrions plus faire mieux. Un licenciement est un déchirement humain, un traumatisme pour les hommes qui le subissent, pour ceux qui ont la responsabilité de le décider et de l'exécuter et pour tout le corps social qui ressent l'amputation. Mais il peut être nécessaire, c'est la réalité.

Emmanuel de La Taille, dans son émission *L'enjeu,* m'a posé la question :
« Comment pouvez-vous avoir un discours humaniste et licencier ?
- De quelle entreprise et de quel homme parle-t-on ? »

L'entreprise n'est pas un mythe de croissance et de développement perpétuels. C'est une aventure de création et de risque. L'entreprise ne peut promettre ce qu'elle n'est pas. Elle ne peut faire croire ou espérer ce qui n'est pas la réalité, elle ne doit pas maintenir une dépendance qui empêche l'homme de se mettre debout dans des liens d'appartenance ambigus et malsains.

Si tous les efforts doivent être faits pour préserver et respecter la personne en toutes circonstances, l'intérêt de la communauté peut exiger que les liens d'appartenance soient rompus, (même lorsque la personne n'est pas en question). L'homme ne se construit pas dans la sécurité. Il doit pouvoir affronter l'épreuve et la surmonter. Qu'est-ce que la vie si elle ne se risque pas ?

Un licenciement nécessite dialogues et entretiens. Comment se passent-ils ? Que s'y dit-il ? Il y a des aides possibles. Que sont-elles ? Il y a des accompagnements possibles. Que sont-ils ? Ni complaisance, ni angélisme, ni cynisme, c'est là que se situe la responsabilité du chef d'entreprise.

L'heure était critique mais l'actionnaire nous maintenait sa confiance. Restait le seul marché international des centrales, incertain, aléatoire. Il fallait affronter la concurrence internationale. Un mois après le licenciement, une opportunité se présenta dans le sud de la Chine pour l'extension d'une centrale. Il fallait faire en sept mois des moteurs que nous n'avions jamais faits en moins de neuf mois. Le prix n'était pas bon et les risques inconnus pour un nouveau marché. Si nous ne tenions pas le délai, nous nous fermions le marché. La tenue du délai était une condition incontournable et impérative.

En comité de direction nous avons estimé le défi impossible et les risques trop grands : il ne fallait pas y aller. Je décidai d'en informer personnellement et directement le personnel.

« Nous cherchons des commandes, mais voilà la réalité du marché international et nous n'avons plus d'autres marchés que celui-là. Mais cette commande ne peut être prise car nous ne savons pas tenir le délai exigé.

- Pourquoi nous convoquer pour nous dire cela ?

- Je me suis engagé à toujours vous dire la réalité de la situation. Si vous avez des idées, c'est le moment. »

À nouveau, une grande agitation s'est emparée de la maison. Trois jours plus tard, un référendum est organisé par le personnel. Peut-on s'engager à tenir le délai ? La réponse est oui à 80 %. *« Vous n'allez quand même pas signer un contrat sur ces bases ? »* m'objecta un directeur. *« Sur ces bases précisément, ma confiance est totale. »*

Une mobilisation générale s'est opérée, les moteurs ont été livrés par l'usine en avance de deux semaines et la centrale a été réceptionnée dans les délais. La satisfaction du client était totale, les moteurs excellents. De nouvelles commandes ont suivi peu après. Une fois de plus, après la prise de conscience de la réalité, le personnel s'était montré digne de la confiance qui lui était faite. Mais ce qui avait été fait de façon exceptionnelle devait devenir la règle puisque c'était le niveau d'exigence du marché international.

Vers un nouveau management

La première phase de changement avait été celle de la libération des énergies : libération de la parole, de l'initiative, décloisonnement entre les services et les niveaux hiérarchiques, apprentissage du débat et découverte de la complexité et de la globalité des problèmes, apprentissage du travail en groupe, de l'enrichissement mutuel et déclenchement d'une dynamique collective.

Les résultats avaient été rapides, le redressement financier atteint grâce au travail de tous.

Mais l'essentiel du résultat était sans doute plus encore la confiance retrouvée du personnel dans ses capacités d'agir, la confiance retrouvée de l'actionnaire étonné de ces résultats, la confiance gagnée d'un client chinois aussi exigeant que surpris de notre réussite.

Le succès était encore pour beaucoup dû à des efforts individuels exceptionnels. Chacun sentait que pour pérenniser et consolider ces acquis et pouvoir envisager un véritable développement à l'international, des changements profonds étaient nécessaires. Le management restait trop classique, trop taylorien, trop rigide, trop autoritaire souvent. Il fallait encore améliorer les comportements et repenser les modes de fonctionnement, l'organisation, le rôle de la hiérarchie, les métiers.

Robert Sarrazac avait été l'homme de la libération, nous avons décidé d'engager un nouveau consultant, Paul-Louis Madelenat, pour nous aider dans cette phase de reconstruction.

La production - La transformation de l'usine

Avoir fabriqué des moteurs en sept mois à l'arrachée c'était bien, il fallait maintenant pouvoir le faire normalement et en série pour abaisser les coûts. Avec l'aide de notre consultant, un grand débat s'est engagé avec tous les opérateurs sur la possibilité d'appliquer les techniques automobiles du juste-à-temps à notre type de produits.

Encore une fois, la mobilisation de tous s'est faite sur ce sujet. L'actionnaire s'est engagé sur les investissements importants à consentir. C'était la condition pour pouvoir pénétrer le marché international de façon rentable.

Un expert extérieur a été appelé en consultation. Son étonnement a été grand : *« En général,* me dit-il au bout de quelques jours, *nous sommes accueillis avec beaucoup de méfiance, voire d'hostilité. Ici les opérateurs nous appellent pour avoir des avis sur la réorganisation de leur secteur de travail, ils nous sollicitent sans cesse pour aller plus vite, nous n'avons jamais connu cela. »*

Toutes les machines ont été changées de place, le circuit de production complètement restructuré sans incidence sur les délais des commandes en cours. L'opération complète a été menée en un temps réduit, les objectifs atteints ou dépassés.

C'est parce que le personnel le voulait, qu'il avait pu s'approprier le projet, qu'il en comprenait les enjeux, que nous avons opéré avec le maximum d'efficacité. Une fois encore, la mise en place de solutions techniques avait suivi et non précédé l'engagement du personnel.

Ce n'était pas seulement l'usine mais toute l'entreprise qui devait s'adapter aux exigences du marché, tous les services y travaillaient : le service achats pour transformer tous ses contrats en contrats de fidélité avec livraisons appelées « juste-à-temps », le bureau d'études pour standardiser au maximum ses plans et spécifications. Et peu à peu, au prix d'un travail important, nous sommes devenus compétitifs en prix et délais. Nos moteurs étaient excellents, le marché international devenait accessible.

Tout ceci conduisait à revoir les modes de fonctionnement habituels, à repenser le rôle de la hiérarchie, à former des groupes disposant d'une large autonomie, de façon à réagir très rapidement à tout incident.

Une vaste opération « métiers » a été lancée, visant à examiner en commun et à redéfinir les zones d'autonomie et de développement possibles de chaque métier. Le personnel d'un côté, la hiérarchie de l'autre, réfléchissaient aux progrès possibles. Des séances communes permettaient ensuite de définir des objectifs communs. Ainsi les mots autonomie, responsabilité, prenaient sens dans le concret du travail quotidien, le rôle de la hiérarchie se trouvait en conséquence orienté vers l'assistance aux opérateurs et la recherche de progrès permanents dans le cadre de groupes de progrès interhiérarchiques et interservices.

La communication : les reporters

Tout cela nécessitait que l'entreprise baigne dans une information globale suffisante pour que chacun puisse se situer, comprendre la situation, les problèmes, les défis, les enjeux.

L'information devient l'oxygène nécessaire à la vie et la communication, le système circulatoire qui apporte à chaque cellule cet oxygène, éliminant les scories. Chacun détient une part de cette information et chacun en manque. C'est ce marché d'échange qu'il fallait organiser. L'information vitale est celle que l'on va chercher. Rarement celle que l'on vous donne *a priori.*

Sur la proposition de notre consultant, des volontaires bénévoles ont proposé de former un groupe de reporters qui, moyennant l'engagement de respecter une charte déontologique proposée par eux-mêmes, se chargerait d'écouter les besoins et d'aller chercher des réponses, de faire fonctionner ce marché de l'information déclaré « bien commun stratégique » où chacun est à la fois demandeur et fournisseur.

Outre de nombreux débats publics, un journal interne et des reportages vidéos ont vu le jour avec la particularité d'être réalisés par le personnel et sous sa responsabilité. Bien entendu, aucun contrôle n'était exercé par la direction avant diffusion.

Un jour, nous avons pris la décision, en comité de direction, de mettre fin à l'existence d'une petite filiale créée pour développer en partenariat un produit nouveau, les perspectives de marché étant insuffisantes. En fin de séance, on nous apporte le dernier numéro du journal des reporters : c'était un numéro spécial sur la filiale en question, vantant ses mérites et ses espoirs pour l'entreprise.

« Maintenant, nous ne pouvons plus faire l'opération, nous ne pourrons pas désavouer les reporters. » Sous-entendu pour certains : *« Voilà ce qui arrive lorsque l'on ne contrôle pas l'information. »*

- *« Mais tout ce que dit ce journal est exact et fort bien fait. Il ne manque que les résultats des études de marché que nous venons d'avoir et qu'ils ne connaissent pas. »*

Voilà une très bonne occasion d'annoncer notre décision et de l'expliquer. Nous décidons de faire une annonce immédiate, félicitant la qualité des articles du journal, expliquant aussitôt que malheureusement, malgré tous les efforts faits, le marché est insuffisant et que nous devons arrêter. Le lendemain, les reporters viennent me trouver : *« Cette fois, nous sommes crédibles. Nos camarades nous disent : « C'est bien vrai que la direction ne contrôle pas vos informations . » »*

Après plusieurs années, malgré un gros travail et un intérêt général pour leur action, le rôle des reporters toujours suspectés tantôt de complaisance tantôt d'agressivité, demeure difficile. Loin d'être un motif de découragement, cela me paraît au contraire le signe de l'authenticité. Révélateurs de la complexité des événements et des opinions dans un climat de liberté à protéger, les reporters doivent apporter au groupe ce qui est le plus nécessaire : la compréhension et l'intelligence de la réalité.

L'attitude du chef d'entreprise à leur égard décide à la fois de leur survie et de leur crédibilité. Ni complaisance, ni condamnation, là est le signe essentiel pour toute l'entreprise, celui qui construit la confiance.

L'encadrement

Depuis l'assemblée d'entreprise, l'encadrement, pris entre le personnel qui accédait à une certaine autonomie, l'évolution du comité de direction, les réorganisations des méthodes de fonctionnement et l'exigence des résultats, vivait une déstabilisation certaine. Sa tâche était particulièrement difficile. Avec l'aide de notre nouveau consultant, un gros programme de formation d'une dizaine de jours de séminaire pour chacun a été lancé sur deux années :

- Formation à l'écoute, au dialogue, à la communication, au travail en groupe.
- Réflexion sur le rôle de la hiérarchie, rôle d'animation, d'écoute, d'assistance, d'information et de communication, de formation, d'entraînement à l'autonomie et à la responsabilisation.
- Entraînement à la gestion du temps et à la conduite de réunions.

Tous ces séminaires se terminaient par un appel à des propositions d'amélioration sollicitant cette fois l'apport spécifique de l'encadrement et l'engagement dans des groupes baptisés « chantiers de progrès ».

Je clôturais personnellement chacun de ces séminaires pour écouter difficultés et propositions.

Cette opération lourde n'a certes pas permis de résoudre tous les problèmes, ce n'était pas son but, mais elle a largement contribué à enclencher une dynamique et un fonctionnement en chantiers de progrès qui s'est peu à peu généralisé pour traiter tous les problèmes de l'entreprise et donner naissance progressivement à un nouveau type de management, fondé sur l'initiative, l'autonomie et la responsabilité.

La direction

Pendant cette période, notre direction générale tricéphale a exercé le pouvoir. Avec Bernard Gauthier et Xavier Craplet, nous avons assuré la cohérence globale dans cette période mouvementée où notre existence était en jeu et notre avenir indéterminé.

Grâce sans doute à notre pacte d'origine, nous avons profité de la complémentarité de nos compétences et de nos tempéraments. Je me dois de leur rendre hommage à tous deux pour le travail considérable qu'ils ont accompli en cohérence avec mes conceptions du management souvent perturbantes.

Avec les directeurs de grandes fonctions nous formions un comité de direction d'une dizaine de membres.

Depuis l'origine, à l'initiative de Robert Sarrazac, nous avions créé un comité « écoute et performance » réunissant régulièrement autour du comité de direction, une vingtaine de cadres renouvelables par tiers tous les ans, pour débattre des problèmes majeurs de la société. Lieu d'apprentissage d'une écoute mutuelle, d'une recherche de vision ou de conceptions partagées, son fonctionnement n'a jamais cessé. Mais là encore, comme pour les reporters, le cheminement a été et reste toujours difficile, tant les contraintes culturelles sont fortes.

Entre une direction qui se croit très vite contestée ou menacée et des cadres qui craignent d'être endoctrinés, entre une vérité recherchée en commun et un non-dit protecteur toujours présent, les débats oscillent de façon souvent frustrante. Pourtant, le fait que chaque année nous ayons ensemble décidé de poursuivre montre que le positif l'emporte sur le négatif.

Un dialogue confiant est une longue conquête toujours remise en question. Le débat même désordonné source de progrès et de connaissance réciproque, est toujours préférable à la barrière infranchissable qui sépare ceux qui savent de ceux qui ne savent pas et ne sauront jamais.

Ce comité d'écoute a certainement été un maillon important de cette évolution « tous ensemble » qui nécessitait des décloisonnements tant verticaux qu'horizontaux et l'avènement d'une confiance mutuelle.

Moi-même

Depuis le début, j'observais les évolutions, les résultats. Malgré le souci d'un avenir inquiétant, j'étais de plus en plus convaincu qu'au-delà des événements, la qualité des hommes et la valeur constatée des équipes étaient les meilleures garantes d'un avenir sous une forme ou une autre. J'étais conscient des dynamiques que j'avais contribué à déclencher, inquiet de voir les difficultés rencontrées pour que l'encadrement y adhère, préoccupé par les nouvelles formes de management. Je me rendais compte à quel point elles pouvaient paraître révolutionnaires, notamment, par exemple, quand elles remettaient en cause le sacro-saint organigramme linéaire, où chacun ne doit avoir qu'un chef, fondement pourtant de la soumission et base du taylorisme le plus archaïque.

Ce que je lisais sur le sujet me décevait. On voulait le résultat sans prise de risque, sans lâcher les sécurités, sans oser la confiance jusqu'au bout, sans y croire en définitive. On voulait toujours trouver des outils ou des méthodes pour utiliser l'homme en lui apportant quelques satisfactions sans s'attaquer aux racines. J'étais pour ma part convaincu qu'il fallait, tout au contraire, se centrer d'abord sur l'homme, pour voir avec lui, ensuite, les organisations ou les outils dont il pouvait avoir besoin.

Je décidais de prendre du temps pour me former, me remettre en question personnellement, réfléchir à ces problèmes, trouver une cohérence, une unité, une voie qui permette de relever le défi de cette symbiose homme/entreprise. Défi d'une entreprise qui ne serait plus mécanique avec des hommes conditionnés tels des chiens de Pavlov dans une dialectique objectifs - résultats, primes - sanctions, mais une entreprise puisant son énergie dans l'énergie vitale de ses hommes qui la font grandir parce qu'elle les aide à grandir.

Là se trouvait l'enjeu d'une humanisation de l'entreprise, seule capable de lui rendre son sens.

J'engageais un cycle de formation avec un organisme PRH Personnalité et Relations Humaines spécialisé dans la croissance et le développement des personnes. Découvertes passionnantes, sur moi-même d'abord et mes propres fonctionnements, mais aussi sur les autres. J'entendais pour la première fois des cadres témoigner sur la réalité de ce qu'ils vivaient et découvrais les réalités humaines en jeu dans les multiples situations de la vie d'entreprise.

Le vivant apparaissait omniprésent, j'oserais dire palpitant de vérité, en contrepoint de cette réalité aseptisée si fréquente dans les comités de direction, les conseils d'administration, ou même les cours de management.

Cette fois mes intuitions devenaient convictions profondes.

Je percevais en même temps qu'il n'y avait pas d'accommodements possibles. La logique mécanique ne pouvait être qu'au service de la logique biologique et non l'inverse. Le vivant est premier. Le vivant peut engendrer le mécanique dont il a besoin ou envie mais le mécanique n'engendre pas la vie. Il est à son service.

J'ai travaillé longuement ces questions avec Claude Rouyer, président de PRH et ancien chef d'entreprise, qui m'a beaucoup aidé et m'accompagne aujourd'hui dans une association de formation pour dirigeants.

Pour faire l'unité entre ces études sur l'homme et ma foi chrétienne, j'ai également pris des temps de retraite, notamment à la Communauté de la Roche d'Or où Florin Callerand et Roger Robert m'ont aidé à redécouvrir la présence du Dieu vivant, créant en permanence au cœur de l'homme vivant.

J'ai aussi suivi une formation à une lecture moderne de ce livre essentiel de l'humanité qu'est la Bible, dont l'enseignement trouverait utilement sa place pour humaniser nos formations au management et dans lequel Dieu se dit au cœur des réalités les plus dures de l'histoire des hommes.

Par ailleurs, je participais aux réflexions d'un groupe de présidents animé par Robert Sarrazac. Avec Jean Vaujany, qui par sa personnalité exceptionnelle, avait engagé de nombreuses opérations de dynamisation globale au sein du groupe Merlin Gérin , nous avons pu constater que les énergies libérées étaient partout les mêmes et qu'en toutes situations les personnes témoignaient des mêmes aspirations et des mêmes capacités à s'engager et à se responsabiliser.

Le syndicat

Lui aussi était confronté à la nécessité de changer.

Certains délégués avaient participé positivement à l'assemblée d'entreprise mais l'évolution de l'entreprise comme celle de l'environnement ne leur était guère favorable.

- *« Vous voulez notre disparition ? »* J'ai répondu en substance :

- *« Absolument pas, bien au contraire, j'ai besoin de vous plus que jamais dans la mutation en cours. Beaucoup d'accords seraient à négocier. Mais il vous faudra changer comme nous tous, pour aborder cette nouvelle phase, car je n'ai guère à vous offrir ni en promesses de salaires, ni en garantie d'emploi ».*

Là aussi les blocages culturels étaient forts. Ce n'est que plus tard, après le partage de l'entreprise, que nous avons pu engager de réelles négociations, à commencer par un contrat d'intéressement, car il y avait cette fois des profits à se partager. Le syndicat a évolué peu à peu vers un syndicat de négociation et de proposition tout en conservant toute sa capacité d'opposition, et a ainsi pu conserver un rôle important mais difficile.

Le changement d'actionnaire

Alors que les commandes de centrales électriques, dues notamment à nos succès sur le marché chinois, commençaient tout juste à assurer notre survie, le groupe Sulzer a décidé de vendre son activité Diesel. Après de longues péripéties, le rachat a été le fait de deux groupements de chantiers navals européens. Après examen de notre situation, nous avons été, nous aussi, achetés avec la mission de développement du marché mondial des moteurs diesel stationnaires, c'est-à-dire installés dans des centrales électriques. Il a fallu filialiser l'activité, découper ce corps vivant qu'est l'entreprise, élever des clôtures au sein de l'usine et des bureaux. Là encore, nous avons partagé toute l'information en notre possession, les chances et les risques de cette opération, l'acceptation du changement imposé. Le personnel des services communs a choisi lui-même ceux qui quitteraient le groupe Sulzer pour la nouvelle entité. Aucun cas litigieux n'est monté jusqu'à mon arbitrage. Et cela s'est fait en l'espace de quelques jours. Le personnel faisait ainsi preuve de maturité étonnante. J'y voyais l'effet conjugué de l'information et de la confiance dans la liberté accordée.

Après la filialisation et la vente du Diesel, le groupe Sulzer a rapidement décidé de reverticaliser la société restante par lignes de produits filialisées à leur tour.

La direction générale et le comité de direction ont dû éclater, chacun des directeurs rejoignant l'une ou l'autre de ces nouvelles sociétés. Cette difficile restructuration s'est faite avec compréhension, malgré des réductions d'effectifs nécessaires et des cessions d'activités, avec le souci de conserver l'essentiel et d'aboutir à des sociétés rentables, ce qui est le cas aujourd'hui.

Cette restructuration achevée, je quittais le groupe Sulzer pour la présidence de la nouvelle société Diesel : New Sulzer Diesel France.

New Sulzer Diesel

Avec le Diesel rien n'était encore gagné. Il fallait impérativement et rapidement refaire la cohésion de l'équipe de direction nouvellement constituée.

Avec l'aide de notre consultant, nous avons engagé, cette fois, des séminaires réguliers pour définir entre nous notre vision, nos valeurs, notre projet commun. Il fallait pouvoir vivre avec le seul marché international, sans protection aucune, le marché protégé par des financements français privilégiés étant très insuffisant, et conquérir une place de premier plan pour pouvoir être rentable. C'était un défi considérable, mais nous avions confiance dans l'outil que nous avions forgé et les premiers résultats étaient encourageants. Il ne nous manquait que le volume. Le nouveau comité de direction manifestait un grand dynamisme et Paul-Louis Madelenat a proposé, hors de ma présence, un séminaire décisif avec exercice de renvoi d'image au cours duquel chacun, tour à tour, a pu entendre comment il était perçu par chacun de ses collègues et le groupe percevoir son degré de cohésion et de confiance.

J'ai clôturé ce séminaire, l'ambiance était assez enthousiaste et je me suis vu proposé de profiter d'un pont du mois de mai pour faire ensemble un raid de trois jours en forêt guyanaise. Pourquoi la Guyane ? On m'expliqua qu'une telle expédition représentait des conditions habituelles pour un comité de direction : c'était difficile mais pas impossible, ce n'était pas le risque pour le risque, il y avait des risques mais on pouvait y faire face, ce n'était pas un exploit sportif, cela n'aurait pas eu de sens, et c'était stressant pour tout le monde, puisqu'aucun de nous ne connaissait la forêt équatoriale.

Je donnais mon accord sans prévenir l'actionnaire, mais en prenant une excellente assurance qui l'aurait consolé de notre disparition, et nous partîmes sans prévenir l'entreprise, de peur d'être obligés de renoncer. Chacun faisait son affaire de sa famille.

Il s'agissait de se poser avec deux avions de tourisme sur une ancienne piste militaire en plein cœur de la forêt guyanaise, de chercher à atteindre, à travers la forêt, une cascade à environ vingt kilomètres de marche. L'objectif devait être atteint par la totalité du groupe, dix personnes, et en auto-organisation complète, moi-même n'ayant plus de pouvoirs.

C'était la saison des pluies et nous ne pouvions dormir que dans des hamacs pendus à des arbres sous des bâches de plastiques. Nous n'avions pas de porteurs mais l'assistance d'un médecin de l'hôpital de Cayenne et d'un guide spécialisé qui ne devaient intervenir (comme des conseils) que sur notre demande. Aucune liaison radio n'était possible. Le tout, la nourriture se réduisant à des rations militaires, était moins cher qu'un séminaire de même durée dans la région parisienne, et sur trois jours et demi, nous ne prenions qu'une demi-journée sur le temps de travail.

L'épreuve fut instructive quant à notre capacité à nous supporter dans une ambiance éprouvante, à nous organiser, à nous entraider, à gérer les risques. Épreuve révélatrice des tempéraments de chacun et de nos fonctionnements de groupe. Épreuve de résistance de notre cohésion face à la fatigue et aux peurs dites et non dites.

Nous avons pu ainsi démontrer et confirmer qu'un groupe est irresponsable. J'avais dû accepter la décision unanime de nous organiser collégialement par décision à la majorité. Ceci nous a conduits à prendre, un soir, dans un bel élan à l'unanimité, une décision dont nous n'avions pas pesé tous les risques et qui a failli mal tourner. Or, quelques instants de réflexion auraient suffi pour prendre des mesures permettant d'éviter les risques encourus. Le debriefing ultérieur animé par notre consultant a été sévère : nous étions nuls. Devant une décision prise dans le désir d'atteindre l'objectif, aucun d'entre nous n'avait osé parler de risque ; notre guide n'avait pas pu parler car nous ne l'avions même pas interrogé. Nous avons bien été forcés de reconnaître que cette situation se produisait souvent en comité de direction, lorsqu'il s'agissait notamment de prendre un contrat à risque que chacun souhaitait prendre.

Il avait fallu venir en Guyane pour découvrir que ce n'est pas parce qu'un groupe est unanime qu'il a raison et qu'il peut devenir le meilleur alibi à l'irresponsabilité.

J'en profitais pour rappeler que si l'un de nous manquait au retour à Paris, ce serait moi et moi seul qui en serait responsable. Cette leçon est restée dans nos mémoires et a bien contribué à notre évolution.

Rentrés sains et saufs à Cayenne, réunis autour d'une belle piscine, le groupe m'a alors proposé de me faire mon propre renvoi d'image en me disant ce qu'il pensait de moi. Et cette fois je n'ai pu y échapper.

Nous étions ainsi allés jusqu'au bout de notre épreuve de vérité. Le groupe avait traversé le « four », comme disait Paul-Louis Madelenat, qui lui permettait de devenir une équipe performante.

Au retour, la réception par la maison n'a pas été chaleureuse. Les cadres nous ont vivement reproché d'avoir joué seuls en cachette. Notre effort d'unité nous avait coupés d'eux, révélant qu'en management tout est ambigu et que tout doit rester affaire d'équilibre entre des objectifs contradictoires.

L'expansion

Quoi qu'il en soit, l'équipe de direction était soudée, l'engagement de l'encadrement et du personnel acquis, l'outil de travail performant, nos délais et nos prix compétitifs, les moteurs excellents. Le développement a été spectaculaire.

Sur la seule Chine, après les deux premiers moteurs de 1987 nous avons vendu près de deux cents moteurs en cinq ans. L'usine a produit sans jamais un jour de retard jusqu'à trois fois sa capacité nominale définie par les experts du juste-à-temps. Quand les hommes veulent...

Un groupe d'ouvriers m'avait un jour arrêté dans l'usine pour me dire :

« Ils vont vous dire de ralentir la prise de commandes, prenez tout ce que vous pourrez, les moteurs on les fera toujours ! »

Et nous avons pu réembaucher plus que nous avions débauché.

Le management par projet

L'embauche massive, 25 % de personnel supplémentaire en un an, nous posait le problème de l'intégration des nouveaux. Les arrivants étaient surpris du climat d'ouverture et d'accueil mais désorientés par nos méthodes de travail devenues très informelles, beaucoup plus relationnelles (de personne à personne) que structurelles.

Le comité de direction m'a alors demandé de rédiger une note sur nos principes de management, ce que je n'avais jamais voulu faire craignant que l'écrit ne fige une situation en pleine évolution. Je la rédigeais donc de la façon la plus ouverte possible en termes de vision plus que de règlement. Il fallait que les principes qui avaient assuré le succès de l'assemblée d'entreprise de 1984 se retrouvent dans le fonctionnement habituel de l'entreprise.

Sur cette base, nous avons, en comité de direction, au cours de plusieurs séminaires, défini une structure de fonctionnement par projets :

- Recherche continuelle de la réalité de la situation par des débats réguliers organisés à l'initiative ou à la demande de tous et ouverts à tous, la direction étant à parité avec les autres acteurs de l'entreprise, personnes ou services.
- Appel permanent à tous, à propositions de projets d'améliorations ou de changements, stockés dans des « réservoirs » de projets constitués au niveau de la société (ou des services).
- Choix des projets retenus par le comité de direction (ou le chef de service) qui joue ainsi son rôle stratégique et alloue les moyens.
- Constitution pour chaque projet d'un groupe interservices et inter-hiérarchique, composé de volontaires, qui sans aucun préalable du comité de direction (dont le rôle à ce stade se borne à un éventuel cadrage minimum du projet) peut s'approprier le projet, l'enrichir, examiner les blocages possibles, rechercher les consensus possibles et finalement faire des propositions au comité de direction.
- Délibération du comité de direction en toute connaissance des attentes de la société et des problèmes soulevés par le projet et décision sur la base des propositions qui lui ont été faites, éventuellement transformées ou enrichies, de la solution retenue.
- Nomination d'un second groupe de travail, cette fois composé d'experts avec incorporation d'experts extérieurs éventuels, pour réaliser le projet conformément au cahier des charges ainsi défini et aux règles de l'art.

Au cours de ce processus ou chacun a sa place et son rôle, un responsable est nommé dans chaque groupe, comité de direction, groupe de proposition, groupe d'experts, de façon à éviter le renouvellement de notre expérience guyanaise.

Il suffisait alors de dire que tout est projet, réalisation d'une affaire comme projet de progrès ou de changement, pour que ce schéma définisse à lui seul le fonctionnement de l'entreprise et le rôle de chacun, direction et encadrement compris.

Ce schéma de fonctionnement est à la base du manuel qualité. Cette fois nous étions allés jusqu'au bout de notre démarche, il avait fallu presque dix ans d'évolution préalable des mentalités et des comportements et de multiples initiatives, succès, échecs, pour en arriver là. Cependant, la pratique du quotidien est encore loin d'être acquise, de tels changements demandent du temps.

La confiance du client

Avec nos clients chinois comme avec le personnel, nous avons fait le pari de la confiance et nous avons été payés de retour. Encouragés par ce climat de partenariat, nous avons un jour accepté de céder à l'un de nos clients et d'expédier tout le matériel d'une centrale sans que la lettre de crédit n'ait été ouverte au préalable. L'anecdote a fait le tour de la province. Le président de l'organisme bancaire chinois qui finançait nombre de nos clients nous a rendu visite en France. Il m'a dit :

« Tous vos clients sont extrêmement satisfaits et vous n'avez jamais eu un jour de retard. Vous êtes la seule société européenne dans ce cas. Votre personnel sur les sites a un comportement exemplaire et c'est pourquoi je voulais vous connaître. Comment faites-vous ?

- Nous essayons de fonder notre management sur la confiance et dans tous les services, chacun se sent responsable.

- Pourriez-vous venir expliquer cela en Chine au personnel de ma banque ? »

Trois mois plus tard, je lui rends visite. Il m'accueille chaleureusement et m'annonce que tout le personnel de la banque a été convoqué pour m'écouter toute une après-midi. Le soir, à la fin du dîner de clôture, il me dit avoir donné des instructions pour ne financer que les centrales électriques commandées à Sulzer. Le directeur commercial qui m'accompagne apprécie.

Lors des événements de la place Tienanmen, alors que le rapatriement des Français s'organisait, je ne savais que faire, de nombreux chantiers étaient en cours et les délais toujours critiques. J'ai finalement décidé d'aller sur place rencontrer nos clients. Réception amicale. De Tienanmen, il n'a pas été question. J'ai fait simplement part de mon inquiétude pour notre personnel. Je n'ai reçu aucune réponse, mais de retour en France, les chefs de chantier m'ont fait savoir qu'ils avaient reçu peu après mon départ la visite d'autorités supérieures sur le site même des chantiers, les assurant de leur protection personnelle. Et ils sont restés.

L'important et l'essentiel

Lors d'une journée en Chine, le soir, buvant le thé ensemble dans un parc à la tombée de la nuit, avec le maire d'une grande ville, il me dit :

« Vous gagnez beaucoup d'argent avec nous ?

- Oui, heureusement.

- C'est bien, mais je pense que ce doit être plus important pour vous de participer au développement du monde... »

La réussite

Après la Chine, ce furent les Philippines : vingt-et-un moteurs en un seul contrat pour l'alimentation de Manille ; puis l'Australie, pour équiper une mine au cœur du désert ; le chiffre d'affaires et les résultats se sont envolés dans une croissance devenue exponentielle.

Ainsi nous avions changé de produit, changé de marché, changé d'actionnaire et changé nos pertes en profits.

Sur l'initiative du personnel nous avons fait la fête.

Mais personne n'a l'impression d'être arrivé. Le travail fourni est intense et le désir de progrès toujours aussi vif. Les chantiers de progrès se multiplient. Ainsi se confirme que ce n'est pas la crise qui suscite l'engagement des personnes, mais le désir toujours présent de combler l'écart entre le rêve et la réalité, dès lors que cela paraît possible.

Groupes de projets travaillant sur l'autonomie des personnes, sur leur responsabilité, métier par métier, personne par personne. Jusqu'où aller ? Comment faire évoluer l'organisation ? Récemment, un atelier a proposé de prendre son autonomie sur la base d'un contrat négocié avec la direction. L'expérience est en cours et l'on voit bien que s'entrouvre une remise en question du lien salarial.

Récemment, je recevais trois mois après son embauche - c'est systématique - un technicien de quarante ans, une bonne expérience professionnelle, un garçon calme en provenance d'un grand groupe.

« Comment ça va ?

- Bien, j'ai été bien accueilli, je me sens bien. » Et après un temps de silence, il reprend :

« Ce qu'il y a de révolutionnaire ici... c'est qu'on s'intéresse à ce que je pense.

- C'est bien naturel. Ce n'était pas comme ça dans votre précédente société ?

- C'était très convivial, très social, on était bien traité. Mais depuis que je suis ici, je me suis aperçu qu'on ne s'était jamais intéressé à ce que je pensais, seulement à ce que je faisais.

- Mais comment pouvez-vous dire ça ?

- Depuis que je suis ici, cela fait plusieurs fois qu'au cours d'une réunion quelqu'un se tourne vers moi pour me dire : « Et toi qu'en penses-tu ? » Jamais on ne m'avait posé cette question. »

D'autres groupes, bien sûr, ont engagé des réflexions stratégiques sur l'évolution du produit, du métier, du marché. Des grands programmes de recherche et développement ont pu ainsi être lancés. D'autres encore travaillent sur les moyens et sur les processus, sur l'ouverture aux cultures internationales, etc. L'entreprise est un vaste chantier de progrès permanent où chacun peut proposer et s'engager malgré la charge de travail.

Et c'est bien nécessaire, car déjà, après l'embellie, le ciel s'assombrit. *« Derrière une montagne, il y a toujours une autre montagne. »* (Proverbe chinois). Le marché marque une pause, la concurrence s'avive, l'avenir redevient imprévisible. C'est le monde aléatoire de la complexité. Une nouvelle étape doit s'engager, adaptée à la nouvelle donne d'un marché devenu financier, après avoir été celui des grandes entreprises publiques. Ces évolutions appellent de nouvelles transformations qu'il ne m'appartient plus de conduire. Pour moi, l'histoire s'arrête là. À soixante-sept ans, le temps est venu de passer la main. C'est la loi de la vie, elle est essentielle pour permettre les renouvellements. Mon successeur, Michel Kohler, était déjà là en 1984 à mon arrivée. Il a largement contribué au succès de l'étape qui s'achève. À lui maintenant de mener la suivante comme il l'entend, à sa manière. Car il s'agit beaucoup plus d'avancer que de pérenniser.

3 Des questions en guise d'épilogue

Cette histoire, comme toutes les histoires, peut donner lieu à de nombreuses lectures tant la réalité mêle hommes et événements de façon inextricable, complexe, irréductible à toute synthèse.

Qualité des produits, compétence et travail des hommes, persévérance de l'actionnaire, sursaut face aux dangers, sourire de la fortune enfin, tout cela est vrai. Et la réussite n'est jamais acquise.

Soit, mais il est vrai aussi que pendant dix années un engagement collectif exceptionnel a perduré et s'est développé, permettant de relever les défis, de rendre possible des performances raisonnablement inaccessibles, d'éviter les ruptures aux moments décisifs.

L'énergie que j'avais si souvent connue au service de luttes internes destructrices s'était cette fois orientée positivement, énergie vitale d'hommes et de femmes acteurs et responsables de leur destin, ensemble. Résultat, non d'une nouvelle recette miracle, mais de changements profonds d'attitudes et de comportements jamais acquis, toujours remis en question, épreuves de vérité face aux autres et face à soi-même.

Le fonctionnement rationnel, sûr, mécanique, organisé, contrôlé, avait cédé sa primauté à la logique du vivant, celle de l'envie de faire, de l'enthousiasme, de la passion mais aussi celle de l'imprévu, du chaotique, du doute, des interrogations, de la peur.

Peut-on unir l'énergie de l'irrationnel à la solidité du rationnel ?

Dire toute la vérité pour déclencher réactions et engagements, est-ce bien raisonnable ? Car enfin toute vérité n'est pas bonne à dire. Mais une vérité tronquée, même légèrement, n'est-ce pas déjà un début de manipulation ? Le mensonge n'est pas loin, il brise les engagements pour longtemps.

Cette confiance qui naît et se nourrit de réciprocité n'est-elle pas une folie ? C'est pourtant bien dans ce regard que l'autre peut se construire. Et la méfiance, si minime soit-elle, est destructrice.

Permettre l'appropriation qui engendre la motivation, c'est accepter de se dépouiller. Est-il acceptable, est-il même normal pour celui qui a la responsabilité du pouvoir d'abandonner ainsi son pouvoir, d'en abandonner l'exercice, même en partie ? Le pouvoir est si agréable.

Respecter la parole et la pensée de l'autre, lui laisser cet espace de liberté qui lui permettra d'exercer ses talents et sa responsabilité, de développer son jugement, est bien difficile lorsque l'on croit détenir la vérité. Il est bien réconfortant de croire que l'on sait. Un chef d'entreprise me disait : *« Le plus difficile pour moi c'est de me taire lorsque je connais la solution... ».*

Donner l'autonomie, la liberté qui va permettre la croissance de la personne, n'est-ce pas prendre le risque de l'erreur, de l'accident, de l'incohérence ? Casser l'ordre qui fige, qui empêche d'avancer, laisser s'établir et durer un désordre chaotique d'où pourra jaillir la vie, est-ce bien acceptable ?

Ces questions ne sont pas comme les problèmes techniques justiciables de solutions, elles sont des interrogations jamais closes comme des appels, des fenêtres toujours ouvertes vers un avenir meilleur. Les réponses sont en chacun de nous. Elles dépendent de ce que nous sommes, de ce que nous pensons de nous-mêmes et des autres, de notre vision de la société et du monde, de nos solidités intérieures, de nos convictions, mais aussi de nos limites et de nos peurs.

Tenter d'y répondre, c'est accepter de se remettre en question et avancer, c'est un cheminement individuel et collectif où chaque pas assuré, chaque étape atteinte, est un nouveau point de départ.

Ces questions et réflexions étaient les nôtres dès le lendemain du big-bang qu'avait constitué l'assemblée d'entreprise. C'est de notre propre cheminement dont j'ai voulu témoigner pour rendre un hommage mérité à tous les participants et acteurs, mais aussi pour contribuer, même modestement, à une évolution qui m'apparaît à la fois souhaitable et inéluctable.

Les enjeux sont considérables pour l'entreprise, pour l'homme et pour toute la société. Si ce témoignage peut encourager à oser la confiance, ce livre aura atteint son but.

Le vingtième siècle aura vu le triomphe du rationnel et de l'entreprise mécanisée, le vingt-et-unième verra peut-être celui de l'entreprise humanisée. Ce serait une bonne nouvelle.

Partie II :

Une histoire porteuse de sens

par Vincent Lenhardt

Chapitre 1 :

Les leviers de la confiance

L'importance du rôle du dirigeant

La première réflexion qui ressort à l'évidence de l'expérience de Bertrand Martin est le rôle primordial du dirigeant. Nous en verrons plusieurs aspects : la volonté politique, la maturité managériale et la cohérence des enjeux organisationnels et personnels.

Premier aspect : la nécessité d'une* volonté politique *clairement vécue et fortement exprimée.

Cette volonté politique est la condition essentielle de la réussite d'une telle opération. Elle suppose de la part du dirigeant une résolution sans faille qui rassure, qui définit une intention claire, un « vouloir » qui va faire du dirigeant un « porteur de sens ».

Cela veut dire qu'il doit montrer la direction avec une détermination au-delà de tous les doutes, incertitudes, ambivalences. Il s'agit de permettre à l'ensemble des équipes constituant l'entreprise de se repérer et de retrouver ce que l'on appelle la combinaison de la Protection[1], de la Permission et de la Puissance. Il s'agit là d'un concept que les analystes

[1] Nous écrivons ces termes avec des majuscules car ce sont des concepts spécifiques en analyse transactionnelle.

transactionnels[2] connaissent bien et qui va s'articuler autour de ces trois pôles. Par Protection, on entend toutes les interventions qui définissent les règles du jeu, les valeurs qui vont être mises en œuvre (confiance, transparence, langage de vérité, respect des personnes, désir d'encouragement, considération de l'autre, écoute...). Cette Protection est aussi la garantie qu'en cas de difficulté, de fragilité ou d'erreur, la personne trouvera un appui, conformément à une règle du jeu clairement définie, que le dirigeant a mis des barrières, a défini jusqu'où on peut aller, de façon à protéger l'équipe, tant des dangers venant de l'extérieur que de ses propres fragilités internes.

De même que l'on ne part pas en montagne sans cordes et matériel pour éviter les accidents, de même, en entreprise, la prise de risque nécessaire au changement doit être « assurée », « protégée ».

Si la Protection est plutôt le pouvoir de dire non et de prévenir des dangers, la Permission, elle, consiste davantage au pouvoir de dire oui, ce qui suppose de la part des protagonistes et notamment du dirigeant, une attitude de « Parent Nourricier » qui soutient, encourage, met de la chaleur, crée de la confiance, met en œuvre chez les personnes « l'effet Pygmalion » : les personnes trouvent dans le regard de leur dirigeant l'œil de l'entraîneur sur un champion et, ainsi valorisées, reprennent confiance en elles-mêmes.

La conjugaison de ces deux axes, Protection et Permission, permet de dégager la Puissance, c'est-à-dire la libération de l'énergie des individus et des équipes. Protégés et encouragés, les êtres humains vont pouvoir libérer et mettre en œuvre leur énergie potentielle, à l'image d'une plante appuyée sur un tuteur. Bien soignée et arrosée, elle va pouvoir se développer pleinement.

En analyse transactionnelle, on évoque souvent la métaphore de « La Belle au bois dormant » :

« La Belle filait la laine avec une quenouille dont la pointe avait été enduite à son insu d'un poison mortel. Elle se pique et le poison commence à se diriger vers le cœur de la Belle. Heureusement surgit une bonne fée qui l'endort, arrêtant magiquement l'effet du poison. Elle gît inanimée, cataleptique, sur le bord du chemin.

---

[2] L'analyse transactionnelle est au départ une théorie de psychiatrie sociale et relationnelle mise au point par Éric Berne vers la fin des années 1950 et qui s'est développée dans des domaines variés tels que l'éducation, le conseil social et pastoral et le management. La métaphore de *La Belle au bois dormant* est reprise par Hartman et Narboe dans la revue *Actualités en analyse transactionnelle.*

Le Prince Charmant venant à passer, stupéfait par la beauté subjuguante de la Belle, ne peut résister à l'embrasser ; ce qui réveille la Belle. Le poison reprend son chemin et tue la Belle, au désespoir du Prince Charmant qui ne se doutait pas que son geste d'amour produirait un effet mortel. »

Combien de formateurs, de consultants, d'agents de changement, de dirigeants se prévalent de ce beau rôle de Prince Charmant et amènent les individus ou les organisations à vivre des expériences apparemment souhaitables ou désirées dont l'issue est plus ou moins fatale. On invite les personnes à s'exprimer et on les sanctionne ensuite, etc.

Non ! Attention : pas de Permission sans Protection préalable.

Un autre aspect de cette volonté politique est d'assurer la continuité dans la durée. Un des grands dangers dans les actions de changement est celui du dirigeant qui pratique des discours incantatoires mais ne maintient pas au fil des mois une attitude constante. Soit, occupé ailleurs, il se détourne du terrain où il a semé, soit, les vrais problèmes étant enfin mis sur la table et le dirigeant n'ayant pas mesuré les conséquences de son invitation à les aborder, il se rétracte, provoquant un retour en arrière fatal. Les personnes qui se sont laissé prendre une fois, qui ont pris le risque de s'exposer et de se remettre en route, ne le font pas deux fois si elles voient, au moment où elles montrent leurs points faibles, lorsqu'on aborde les problèmes, que l'on recherche des coupables plutôt que des solutions.

Deuxième aspect du rôle du dirigeant : sa* compétence *complexe.

Il lui faut à la fois être compétent dans le métier exercé par l'entreprise, c'est-à-dire connaître les techniques de base, l'intégration des métiers qui permettent de produire la valeur ajoutée propre à l'entreprise, métier industriel ou métier de service.

Il lui faut, à un autre degré, être le gérant de processus de management, c'est-à-dire animer les hommes, faire communiquer les équipes entre elles, assurer des interfaces tant internes qu'externes, faire « que cela marche », que les gens soient motivés, que les systèmes de management soient intégrés et cohérents entre le projet d'entreprise, la formation, le système de décision et le processus hiérarchique, le processus transverse, etc. Il lui faut donc être un « manager ».

Troisièmement, il doit assurer le rôle d'un « leader », au sens de celui qui assure la pérennité de l'entreprise et qui est donc centré sur sa stratégie, plus particulièrement les interfaces externes et sa réalité de la gestion. Il faut donc que l'entreprise fasse du profit. Le dirigeant doit être en mesure de jouer des rôles désagréables, c'est-à-dire éventuellement « élaguer », « dégraisser » ; il doit définir les grandes orientations et veiller à ce que les membres de l'entreprise s'alignent sur ces grandes orientations, même s'il n'est pas seul à les avoir définies.

Comme on le voit dans le schéma n° 1, il est à la fois un technicien responsable de contenu, un manager responsable de processus et un leader, responsable du sens, des orientations, des valeurs et de la pérennité de l'entreprise. La combinaison des trois fonctions ne va pas sans contradictions, sans complexité, sans deuils et sans problèmes d'identité pour le dirigeant. On pourrait prendre la métaphore du cinéma où le technicien serait la vedette, le manager serait le metteur en scène et le leader serait le producteur. Ce sont des métiers différents qui supposent une gymnastique et des discours parfois contradictoires. Le dirigeant risque d'être mal compris lorsqu'il passe d'un rôle à l'autre.

Il lui faut à la fois dynamiser l'équipe, lui donner confiance et, en même temps, parfois, en éliminer certains membres. Comment créer une solidarité lorsque dans le même temps on fait vivre une dynamique d'exclusion ? Comment se présenter en décideur lorsque l'on s'appuie sur des techniciens plus compétents que soi dans le domaine technique ?

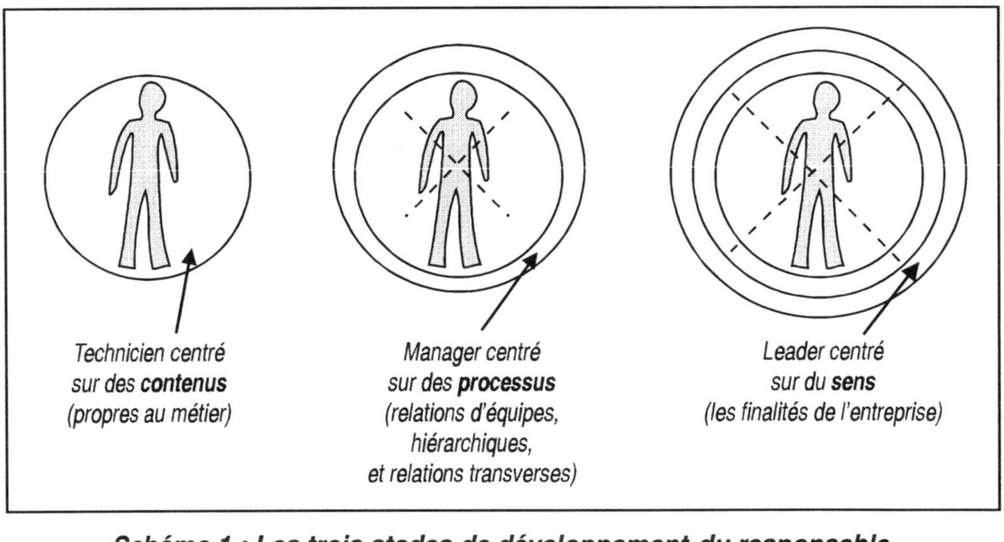

Schéma 1 : Les trois stades de développement du responsable

Autant d'ambiguïtés difficiles à gérer pour soi-même et dans la communication avec les autres.

Dans le cas de Bertrand Martin, il est évident que son expérience industrielle, vécue dans des entreprises de taille, de techniques très différentes comme les arsenaux, la construction navale, la direction de raffineries lui avait donné cette expérience de changement, celle de problèmes complexes techniques, humains, syndicaux, commerciaux, une maturité managériale nécessaire pour gérer une crise d'une telle complexité.

Troisième aspect : il faut une* conjonction, *voire même une synergie, entre les* enjeux *et la* problématique *de l'entreprise et les* enjeux personnels *du ou des dirigeants.

En l'occurrence, gérer une crise comme celle de Sulzer suppose pour le dirigeant un enjeu individuel suffisant, à la fois personnel et professionnel, pour qu'il soit prêt à mettre l'énergie nécessaire à la situation.

À cinquante-cinq ans, Bertrand Martin, après un itinéraire professionnel riche et varié, rencontrait par cet appel et cette proposition de redresser Sulzer un désir personnel profond de se donner un défi majeur à une période de sa vie où il aurait pu se mettre en roue libre et terminer tranquillement sa carrière industrielle.

Du fait de sa personnalité, il n'en a rien été. Les luttes passées où il avait rencontré les acteurs syndicaux et les politiques, notamment autour des chantiers navals, lui avaient appris à combattre. Cette fois l'enjeu était de taille mais à la mesure de son expérience. Il fallait « y aller ». Il s'est trouvé ainsi une conjonction entre deux enjeux majeurs : un enjeu organisationnel et un enjeu personnel.

La conjonction de ces facteurs : volonté politique du dirigeant, maturité suffisante, défi personnel nous paraissent des composantes indispensables.

Créer la confiance

J'ai vécu, dans l'accompagnement d'équipes de direction ou d'équipes opérationnelles, des expériences qui, toutes, convergent vers le fait qu'un minimum de confiance est nécessaire pour surmonter des crises, ou pour que les personnes puissent s'investir et se dépasser dans des enjeux de changement majeur. Ce qui me paraît très significatif dans l'approche de

Bertrand Martin, c'est le fait qu'il ait d'abord tenu un langage de vérité, un langage de réalisme qui a souligné, exprimé clairement la gravité de la situation.

Ceci s'est retrouvé dans les différentes étapes ; dans le fait que, par exemple, à aucun moment il ne s'est agi de dorer la pilule, que ce soit au plan technique, au plan financier, commercial, syndical, sur les problèmes de licenciements ou les enjeux, les défis que représentait le passage de production de neuf mois à sept mois, etc.

Cela s'est retrouvé également dans la liberté de s'assembler, de discuter, d'aborder tous les sujets. Aucun n'était tabou, qu'il s'agisse de personnes, de salaires, de problèmes de productivité, etc. Dans le fait que la liberté de filmer et d'élaborer des journaux d'entreprise ne donnait lieu à aucune censure. Le fait que les défis aient été posés clairement était l'occasion pour les personnes de se responsabiliser. Et derrière ce langage de vérité, des messages de confiance dans la capacité des gens à être réalistes, à être responsables, à être motivés et à s'engager personnellement leur étaient constamment réaffirmés.

La volonté politique et le réalisme contribuaient à mettre les différents acteurs de l'entreprise dans une relation de parité.

À cela, l'objection suivante est souvent faite à Bertrand Martin : *« Oui, mais c'est la situation de crise qui permet seulement ce type de redressement. Auriez-vous pu fonctionner comme cela en situation normale et avec une équipe qui marche déjà correctement ? »*

À cela, Bertrand Martin oppose la position illustrée par le schéma n° 2. Il va présenter l'entreprise en crise, l'entreprise en marche et l'entreprise potentielle en disant que le niveau d'énergie est toujours très éloigné du potentiel que peuvent réaliser les équipes entre elles.

Il importe plutôt d'identifier le niveau de performance ou de contre performance auquel les personnes se trouvent et de faire prendre conscience aux gens de la différence entre leur niveau actuel et leur niveau potentiel. Il importe de créer dans la perspective de l'entreprise potentielle un réenchantement et un rêve. Le fait de créer cet espace du possible ouvre un espace de parole, de motivation, d'« empowerment »(3) pour les acteurs de l'organisation.

(3) Le terme anglo-saxon d'« empowerment », difficile à traduire en français, exprime le processus par lequel on « met en puissance » les personnes, où on crée les conditions de l'émergence de leur potentiel.

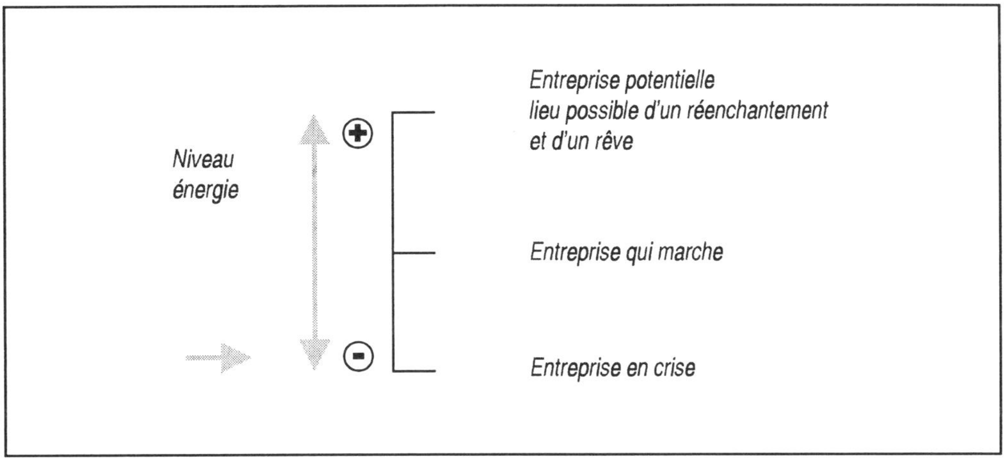

Schéma 2 :
L'espace du possible dans l'entreprise

La crise n'a comme avantage que le fait de radicaliser le discours et le positionnement des gens, un peu comme lorsque quelqu'un coule dans une piscine, le fait de toucher le fond lui permet de donner un coup de talon pour remonter plus vite. Cette perspective part de la croyance que, la plupart du temps, ni la technique ni les procédures méthodologiques ne sont les sources principales de la productivité, mais plutôt la confiance et la montée d'énergie qui en résultent. Lorsque les acteurs se sentent « empowered » (mis en face de leur puissance potentielle), sentent qu'on leur fait confiance, qu'on est à leur disposition pour les aider à mobiliser leurs propres ressources, leur propre motivation, ils donnent alors le meilleur d'eux-mêmes.

Cette attitude du dirigeant, ou de l'agent de changement, consiste à engendrer une dynamique de créativité, de résolution de problèmes, de communication entre les personnes, de satisfaction dans le travail en équipe, dont la rentabilité est supérieure aux méthodologies et aux techniques plaquées de l'extérieur.

Rappelons-nous la phrase de Saint-Exupéry : *« Donnez leur une tour à bâtir, vous en ferez des frères. »*

Troisième aspect de cette confiance : un espace est donné aux autres. Très souvent la direction croit que le personnel ne veut pas et le personnel, lui, estime qu'il ne peut pas. Le fait d'établir la confiance crée une relation et un espace qui permettent à la volonté et à la création personnelle d'émerger. François Varillon, reprenant Hölderlin, je crois, disait que Dieu créait les hommes comme la mer créait les continents, en se retirant.

Le management gagne certainement à ne pas avoir trop d'idées, même à se méfier d'avoir des idées, car avoir des idées à la place des autres, c'est empêcher les autres d'en avoir. Inviter les gens à avoir des idées reste malheureusement trop souvent une attitude paradoxale, car le dirigeant a trop tendance à récupérer les idées des autres pour se les approprier.

J'ai été frappé par cet aspect de l'attitude de Bertrand Martin : *« Appeler plutôt qu'imposer. Écouter au lieu de parler. »*

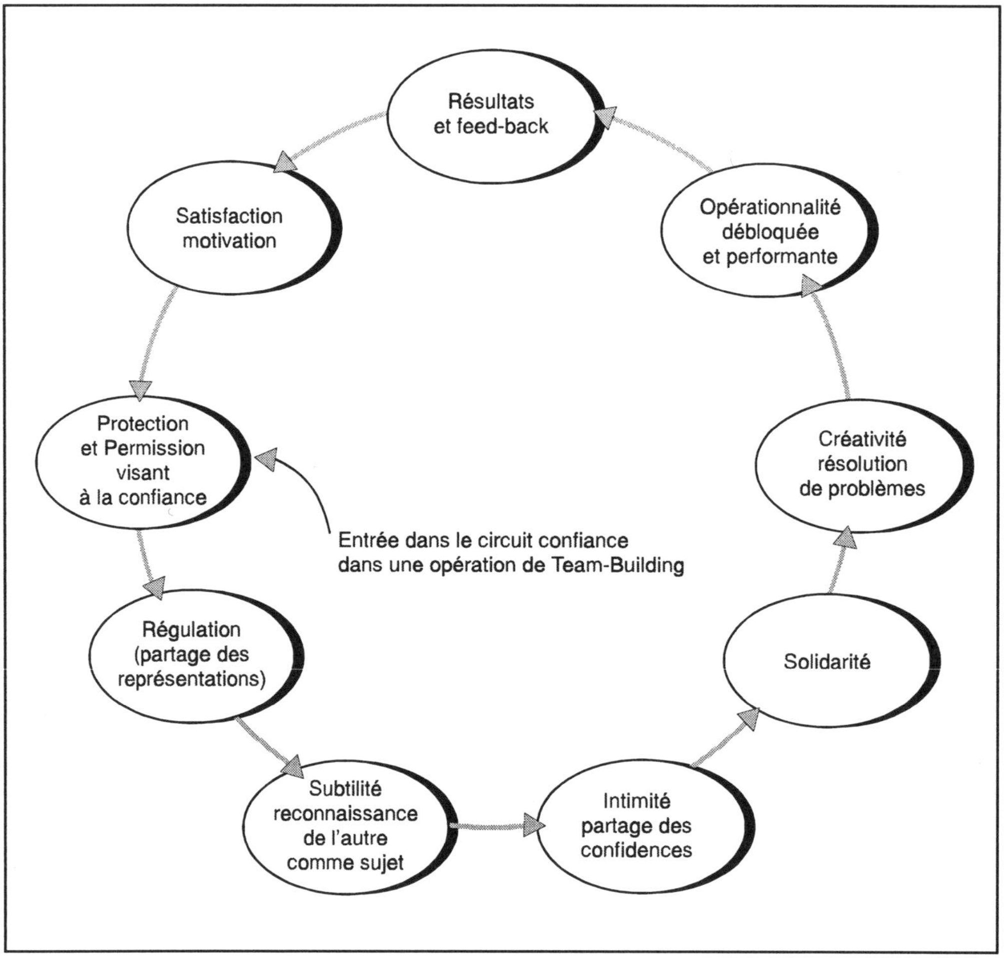

Schéma 3 :
Le circuit confiance

C'est une attitude inscrite dans le temps et dans une chaîne de micro-comportements qui nous paraît être la deuxième condition fondamentale ayant permis la réussite de cette expérience.

Elle consistera à ouvrir des libertés, à mettre en place des protections (les idées proposées seront mises en œuvre et réalisées après un examen, mais dans un souci réel de continuité, faute de quoi, les acteurs seraient découragés), la confiance faite à l'énergie potentielle et à la partie positive des personnes, à une attitude où l'on écoute avant de parler, où le dirigeant fait ce qui est de son ressort (gérer les interfaces extérieures, obtenir des financements, négocier des partenariats avec l'actionnaire...) et invite chacun à donner sa mesure dans son domaine, à canaliser les énergies dans un rôle de rassembleur, à mettre en œuvre ce qu'Isabelle Orgogozo a appelé le « management caravanier »[(4)] ; ce sont les gens qui marchent, qui avancent ; le management accompagne, la volonté du dirigeant stimule et rencontre la volonté d'autres acteurs qui se situent en partenaires.

Visions et stratégies

Une des questions que l'on pose souvent à Bertrand Martin sur cette expérience consiste à dire : *« Tout cela c'est très bien, mais ce n'est finalement qu'une attitude un peu paternaliste, qui consiste à faire de bonnes relations humaines, à mettre de l'huile dans les rouages, mais qu'en est-il de la stratégie ? Car sans stratégie, rien ne marche. »*

À cela, Bertrand Martin répond que ce qui a fait la victoire de Napoléon à Austerlitz, ce n'est pas seulement le génie du capitaine, mais le fait qu'il ait disposé de troupes qui pouvaient se déplacer la nuit sans que l'ennemi s'en doute.

En tant que consultant ayant l'expérience de l'accompagnement d'organisations et de l'ensemble des équipes qui constituent une organisation, je considère que la stratégie n'est pas seulement le fait de ce que l'on appelle les études stratégiques, ni même d'une élaboration stratégique dans le seul cerveau génial du dirigeant, mais un processus multiniveaux, dans lequel les différents acteurs de l'entreprise se doivent d'être coparticipants et coauteurs.

[(4)] Cf. Isabelle Orgogozo, *Les paradoxes du management,* Éditions d'Organisation, 1991.

Dans cette perspective, le renversement d'une dynamique interne et la création d'une intelligence collective, voire de ce que l'on pourrait appeler une intelligence ajoutée ou encore une intelligence partagée collective, deviennent primordiaux et souvent même préalables.

Dans le cas présent, Bertrand Martin a d'abord cherché à remettre sur pied l'outil de production au sens large et à rétablir une capacité de production, ainsi qu'une crédibilité tant vis-à-vis des actionnaires, des banquiers, que des clients. C'est-à-dire faire la politique des moyens pour avoir ensuite les moyens de sa politique.

Si nous paraphrasons Stephen Covey[(5)] : *« Pour avoir des œufs d'or, il était d'abord nécessaire de rétablir la santé de la poule. »* La mise en mouvement de ces équipes, leur mobilisation, la solidarité, l'enthousiasme, la créativité, l'engagement personnel de chacune des personnes et chacune des équipes permettaient de traiter les trois pôles constituants de la stratégie telle que la définit Gérard Biolley[(6)] qui a une grande expérience dans la conception et la mise en œuvre de processus stratégiques, c'est-à-dire la combinaison d'un Savoir, d'un Vouloir et d'un Pouvoir.

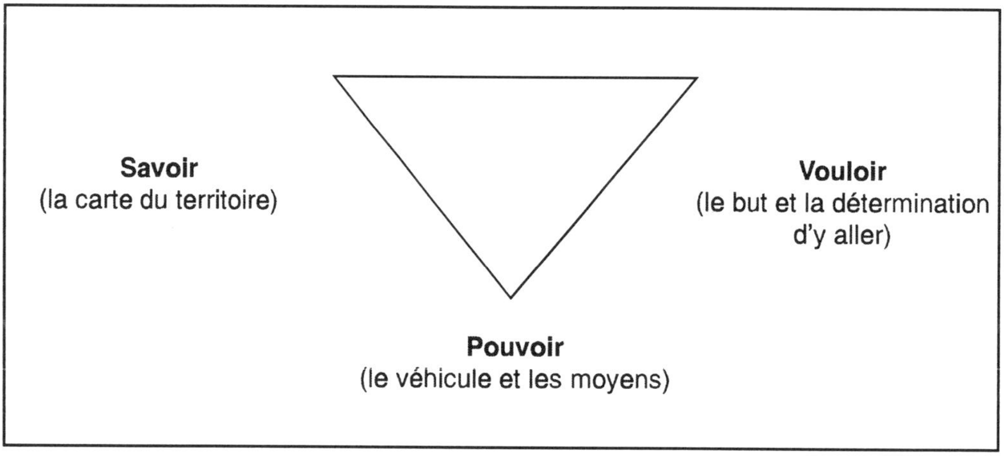

Schéma 4 :
Les pôles constitutifs de la stratégie selon Gérard Biolley

---

(5) Stephen Covey, *Les 7 habitudes de ceux qui réussissent tout ce qu'ils entreprennent,* Éditions First, 1991.

(6) Gérard Biolley, consultant en stratégie et Délégué Général de l'organisme de formation et de conseil CRC de Jouy-en-Josas.

Le Savoir consisterait à bien connaître la carte. Le Vouloir à définir l'objectif du voyage et la détermination à se mettre en route. Le Pouvoir se situe, lui, dans la capacité et la puissance du véhicule nous permettant d'effectuer le parcours.

Avec le meilleur savoir et le meilleur pouvoir, rien n'est possible si le vouloir n'est pas réactivé. On peut schématiser cette attitude de Bertrand Martin en disant qu'il a surtout mobilisé un vouloir pour que les pouvoirs et les savoirs soient à leur tour mobilisés.

Une autre façon de réfléchir sur visions et stratégies, c'est de présenter le modèle des équipes performantes (cf. schéma 5).

Stade de développement	 Collection d'individus	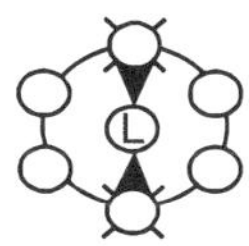 Groupe	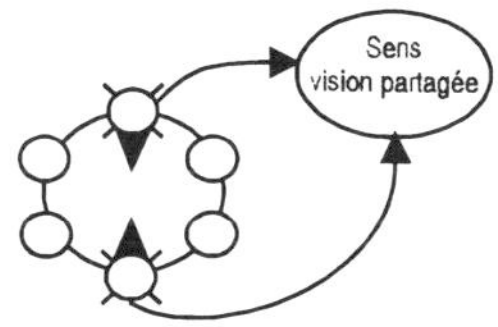 Equipe performante
Causalité	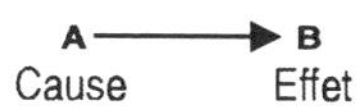 ***linéaire***	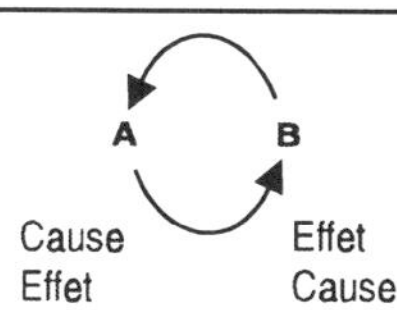 ***circulaire***	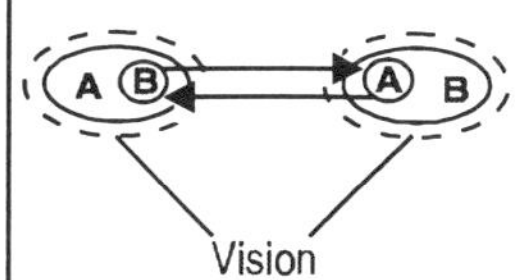 ***récursive***
Mode de pensée	**mécanique**	**systémique**	**holistique (Holomorphique)**
Développement centré sur	**Les compétences**	**L'écoute réciproque**	**L'intégration de la vision en chaque individu**
Insistance sur	**Le contenu**	**Le processus**	**Le sens, les finalités et la vision**
Valeurs	**La technique**	**Les relations**	**La cohérence**
Identification de la personne	**À elle-même**	**Au groupe**	**À l'organisation, à son écologie et au partenariat**

Schéma 5 :
Stades de développement d'une équipe

Pour qu'une équipe soit performante, elle doit successivement franchir ces trois étapes :

- La collection d'individus où les gens sont centrés sur une technique, une fonction relativement individualisée, sur une performance personnelle et une dynamique souvent encombrée par la logique des territoires.
- Le groupe solidaire intégrant des logiques différentes et passant d'une monologique à une dialogique[7], optimisant des décisions dans des processus transverses.

  Il se crée donc une solidarité, une écoute réciproque et le désir de dépasser des points de vue souvent opposés ou contradictoires, de sortir de la logique des territoires.
- Dans l'équipe performante, troisième étape, les personnes ont suffisamment conscience de leur identité et de leur complémentarité pour pouvoir la dépasser et se centrer sur le sens et la vision commune. Chacun se sent porteur du tout et vit une approche de type holomorphique[8] ; chaque fonction est porteuse du tout et chacun se sent responsable de la pérennité de l'entreprise.

Bertrand Martin n'a pas joué les « Monsieur-je-sais-tout ». Il s'est positionné en disant : *« Je ne sais pas ce qu'il faut faire, c'est vous qui devez me le dire. »* Par son attitude, il a créé un espace et un type de relations invitant à la prise de responsabilité. Il a ainsi invité ses interlocuteurs à se constituer en forces de proposition. Cela ne veut pas dire que Bertrand Martin n'a pas joué de rôle stratégique notamment en jouant celui que lui seul pouvait assumer, de rassembleur et articulateur entre des pôles différents : il a su faire converger la mobilisation des équipes en réponse à un défi commercial et en cohérence avec le soutien des actionnaires, ainsi que je le représente sur le schéma n° 6.

---

(7) Selon l'expression d'Edgar Morin citée par Dominique Genelot dans *Manager dans la complexité*, INSEP ÉDITIONS : *« Le principe dialogique, consiste en ce que des logiques différentes peuvent être à la fois complémentaires, concurrentes, voire antagonistes, et se trouvent réunies et coexistent dans une même unité, sans que leurs différences ne soient pour autant gommées par cette unité. »*

---

(8) Holomorphique : de *holos* « le tout », et *morphos* « la forme ».

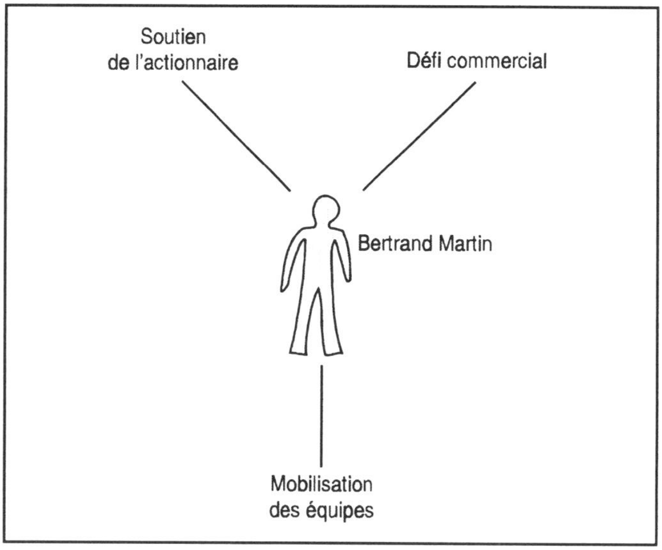

Schéma 6 :
L'articulation stratégique vécue par Bertrand Martin

Processus d'accompagnement

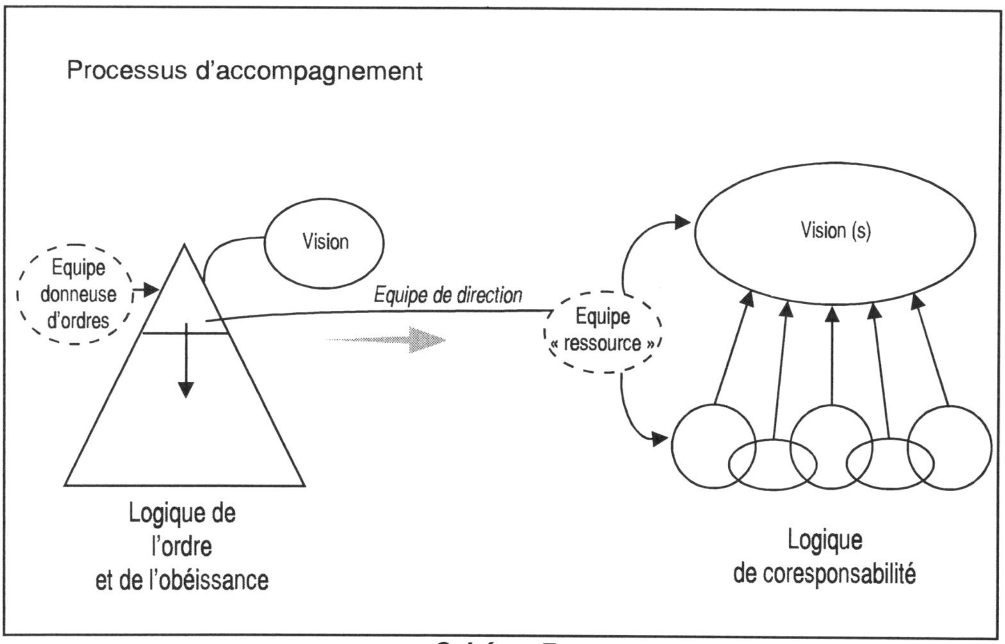

Schéma 7 :
Passage d'une logique à l'autre
De la logique d'obéissance à la logique de coresponsabilité

L'attitude de Bertrand Martin et, progressivement, celle de l'équipe de direction, consiste à engendrer une autre logique dans l'entreprise. Elle va se traduire par le passage d'un fonctionnement dans une logique d'obéissance à des ordres donnés, à une attitude de coresponsabilisation.

Cela suppose quatre changements de rôle des responsables de la direction générale :

1. devenir les coresponsables, avec les membres de l'entreprise, de l'élaboration de la vision, ou plus exactement, des visions partagées,
2. exercer des arbitrages et des recadrages,
3. gérer un processus d'accompagnement et un processus éducatif,
4. assurer un rôle d'exemplarité et être un pôle ressources plutôt que donneur d'ordres.

Tout d'abord, que signifie coresponsable de la vision ? Cela veut dire que le dirigeant prudent dans l'élaboration de sa vision n'enferme pas les autres dans le paradoxe « ayez des idées, soyez créatifs, soyez autonomes, etc. ». Il convient donc pour le dirigeant de gérer une attitude autant d'écoute que de parole et de générer une vision poreuse ou spongieuse qui veille à ce que chacune de ses formulations soit le lieu d'un accueil possible de la vision de l'autre. Il n'est pas seulement, comme dirait Michel Crozier, l'homme de solutions, mais plutôt l'homme de problèmes.

Un des grands dangers que vivent les dirigeants que nous observons, comme le souligne magistralement Michel Crozier [(9)], c'est de confondre écoute et sondage et de susciter une parole chez leurs collaborateurs qui ne fait que vérifier leurs propres préjugés et qui n'accueille pas la spécificité et la radicalité de leur parole. Les dirigeants ont tendance à se précipiter sur la mise en œuvre de solutions avant même d'avoir compris le problème. Ce qui est générateur d'une grande frustration chez les collaborateurs et d'une démotivation profonde, qui enferme les dirigeants du fait de leur pseudo-écoute, dans une mise à distance finalement plus grave.

Parler de vision ou de projet au singulier est déjà dangereux. Le dirigeant aura à articuler, en fait, des visions, qui ont, chacune, leur cohérence, mais qui devront nécessairement, pour vivre l'interdépendance, être mises en cohérence sans se réduire entre elles.

[(9)] Michel Crozier, *La crise de l'intelligence*, InterÉditions, 1995.

Il importe de créer la combinaison des imaginaires (ce qui se passe consciemment et inconsciemment dans la tête des individus), du symbolique (les textes écrits servant de référents communs : charte, vision, etc.) et du réel (les actions sur le terrain) coordonnés dans une dynamique commune (cf. schéma 8).

Cette dynamique consiste en un mouvement permanent entre les étoiles et les actions terrain. C'est une espèce de jeu de jokari où continuellement on tape sur la balle. On vise les objectifs, la balle revenant, on continue de taper sur la balle. Les actions dans le réel ne peuvent jamais être totalement enfermées dans le discours et les textes (symbolique) ; la carte n'est jamais le territoire et les textes, comme les actions, ne rendent compte qu'imparfaitement de l'imaginaire de chacun, qui est le seul lieu réel de la motivation. Le sens ne peut être que l'organisation dans la conscience individuelle d'une « forme » identifiée par l'individu (les Allemands parlent de *Gestalt*). Savoir que cette conscience individuelle, cette identification dans l'imaginaire, est en grande partie inconsciente ne simplifie pas le problème.

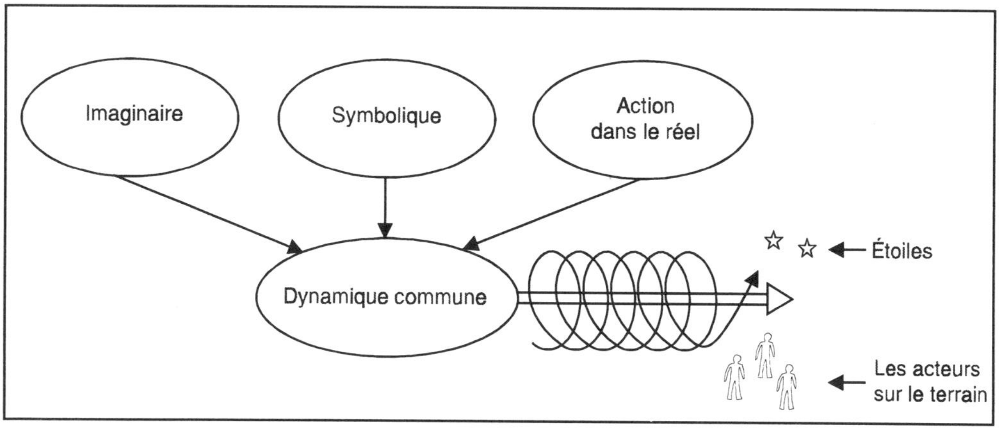

Schéma 8 :
La dynamique de la vision

Le travail sur la cohérence des visions ne peut faire l'économie de cette complexité. D'où la nécessité d'un changement continuel de niveau logique par le dirigeant pour prendre en compte les différents pôles constituant cette dynamique. Il ne lui suffit pas de tenir des discours incantatoires ou de publier des textes sur papier glacé, il lui faut de l'action. Il doit savoir que la réalité la plus prégnante de cette dynamique réside dans la vie de l'imaginaire des acteurs. Et que cet imaginaire largement inconscient est par nature difficilement accessible, saisissable et contrôlable.

Deuxième aspect, dire que le dirigeant doit assurer des arbitrages est à la fois nécessaire et dangereux, car si le dirigeant est le seul arbitre des conflits, il déresponsabilise les acteurs dans leur capacité à se rencontrer et à trouver ensemble des solutions. Bertrand Martin est très attentif à cette dimension en renvoyant les acteurs à leurs responsabilités. Il leur dit : *« Mettez-vous d'accord, ce n'est pas à moi de vous mettre d'accord. »* La directrice des ressources humaines de Sulzer que j'ai rencontrée sur ce sujet disait : *« Si la direction doit arbitrer, c'est déjà un échec de l'organisation. »* Néanmoins, dans l'espace stratégique global, il est certain que la direction se situe à un niveau de complexité souvent plus grand, avec des acteurs plus éloignés (actionnaires, clients, syndicats...) et il faudra bien, dans certains cas, entre des unités autonomes, poser un principe fédérateur que les acteurs centrés sur un champ plus partiel ou plus local ne peuvent pas percevoir.

Troisième aspect, le processus éducatif et d'accompagnement est un processus également complexe dans lequel le dirigeant est souvent limité par les multiples rôles contradictoires qu'il doit assumer. Cependant, il nous paraît nécessaire que progressivement il apprenne, notamment avec l'aide de consultants extérieurs, à sortir de son rôle hiérarchique pour assurer un rôle d'entraîneur, de facilitateur, voire même de formateur. Il lui faut apprendre à écouter plus qu'à parler, à refuser de proposer des solutions ; apprendre aux autres à pêcher plutôt que de leur donner des poissons en permanence. Il devra acquérir progressivement une compétence dans la gestion de processus de groupe, de processus de communication, de processus systémiques. Il devra sortir d'une logique linéaire où il gère les choses comme si elles étaient dans un bocal pour gérer selon la logique des causalités circulaires, voire récursives. Il est conscient que sa propre présence et les relations qu'il instaure modifient les données du réel. Le dirigeant n'est pas en dehors du bocal, il est dedans avec les autres.

Un président qui s'assoit à une table dans un groupe de travail, par sa seule présence, modifie la nature de la communication. Comme on dit en systémique, le thermomètre modifie la température de l'eau.

Le dernier aspect concernant le rôle d'exemplarité conduit les dirigeants à s'astreindre à une certaine congruence. Ce qu'ils font doit être conforme à leur discours. Ce n'est jamais totalement réalisable, mais un certain degré de cohérence est nécessaire. S'il invite les gens à être responsables, lui-même doit accepter d'être moins compétent, moins responsable, moins donneur de solutions. Il doit apprendre à se positionner comme une ressource ou un recours, plutôt que comme celui qui fixe à l'avance les éléments de l'action. C'est le changement de systèmes de représentation qui amène le dirigeant à passer de la notion de délégation (où le pouvoir est entre les mains du président et il en donne des fragments à ses collaborateurs) à une conception de management en subsidiarité, (où le pouvoir et l'initiative sont entre les mains des acteurs qui auront à mettre en œuvre leurs propres décisions).

Les stades de l'autonomie

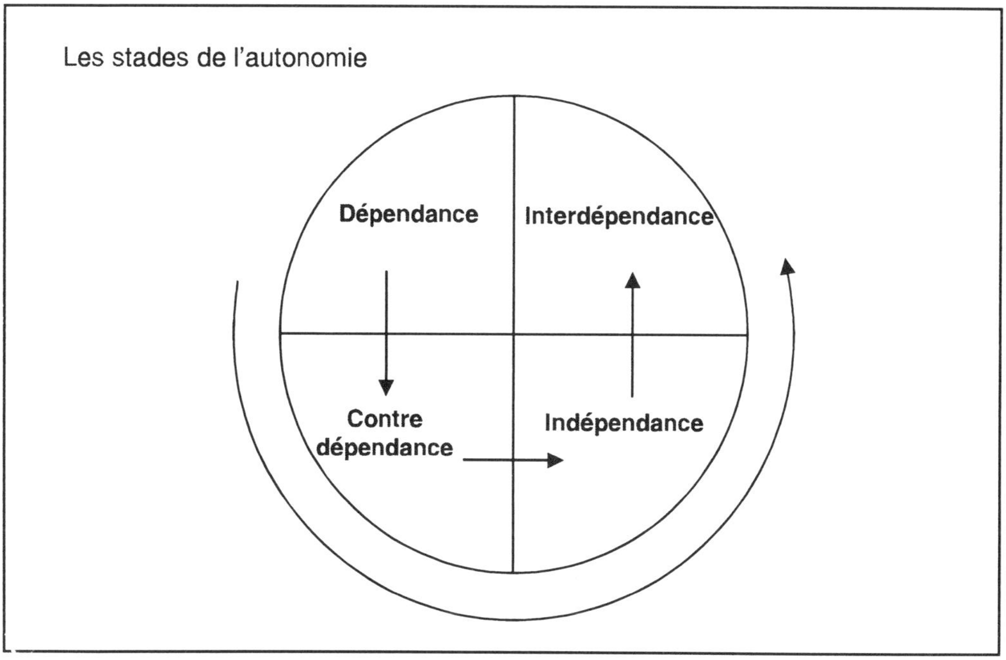

Schéma 9 : Les quatre étapes de l'autonomie

Ce processus de développement de l'autonomie comporte des étapes généralement mal connues des dirigeants et qu'il est important d'identifier. Ces étapes sont toutes nécessaires, chacune comportant la prise en compte de besoins, de problèmes et de comportements spécifiques (cf. schéma 9). À l'image d'un escalier, il est illusoire de croire que l'on peut faire l'économie de quelques marches, surtout lorsqu'il s'agit d'une troupe où chacun a un rythme, des capacités, des résistances singulières. Le dirigeant, comme Moïse accompagnant son peuple vers la terre promise, se doit de tenir compte des écarts de possibilités entre les acteurs et, sans nécessairement limiter les initiatives et les rythmes individuels, doit prévoir une gestion de l'ensemble permettant à chacun de trouver sa place.

On a tendance, en parlant d'autonomie, à faire un contresens dangereux et à réduire la notion d'autonomie à celle d'indépendance. Dans l'entreprise, s'il est évident que le processus de développement doit conduire progressivement les gens à être capables de se débrouiller seuls, il est indispensable qu'ils aient le souci de vivre un certain degré d'interdépendance. Il est important pour le dirigeant de sortir de l'illusion que les gens peuvent passer directement de la dépendance à l'interdépendance. Ils doivent en fait passer par un cycle dans lequel les personnes vivent les étapes nécessaires de la dépendance, de la contre dépendance, puis de l'indépendance avant de pouvoir devenir interdépendants.

La dépendance peut être saine dans un premier temps puisque les gens se structurent, se pénètrent de la culture de l'entreprise, apprennent des métiers, définissent leur rôle ; elle peut être un écueil si les gens ne prennent pas d'initiatives et restent des béni-oui-oui ou des *yes men*, des « paillassons ».

Dans la contre dépendance, les personnes apprennent à dire non et, tout en se nourrissant de la parole des dirigeants, découvrent leur propre parole. Ceci ne se passe pas sans ajustements, contestations, essais, erreurs et prises de risques, tant sur le plan opérationnel que dans la relation avec les dirigeants.

Cette phase de contestation peut être difficile à vivre pour le dirigeant et c'est souvent à cette étape que malheureusement s'arrête le processus d'accompagnement. Cette étape saine ne doit pas non plus tomber dans l'écueil de la non responsabilisation et de la contestation permanente : l'étape où le paillasson devient un hérisson professionnel, un râleur systématique.

Dans la troisième étape, l'indépendance, la personne fait son expérience seule et se constitue une personnalité complète, compétente (l'Adulte)[10], dynamique (l'Enfant), responsable (le Parent), pour parler le langage de l'analyse transactionnelle, et fait l'expérience directe du réel. Le danger de

[10] L'utilisation de la majuscule correspond au fait qu'il s'agit d'un concept d'analyse transactionnelle différent du nom commun habituel.

cette étape, tant pour les individus que pour les équipes, est que les personnes travaillent seules dans leur coin, ne fassent plus aucun « reporting » (les hérissons sont devenus des polissons). Tout en ayant souci de créer des situations où les personnes peuvent vivre cette étape nécessaire à leur développement, au développement des personnes, des équipes, voire même des organisations (groupe de projet, filiale...), il importe que le dirigeant laisse un espace-temps suffisant pour que cette étape soit bien vécue et que les collaborateurs puissent ensuite entrer dans l'interdépendance.

Dans cette dernière étape, les personnes, ayant fait leurs expériences et leurs preuves, vont pouvoir vivre en parité, en dialogue avec d'autres responsables. Cette étape n'est pas définitive, car il importe que chaque collaborateur, comme chaque équipe, puisse progressivement continuer le cycle et parcourir ces étapes à un autre niveau.

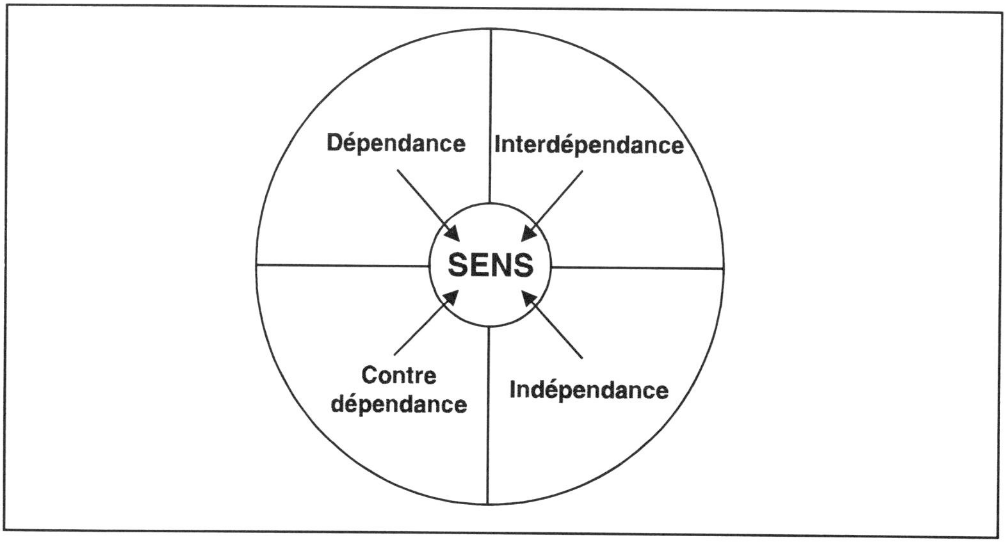

Schéma 10 : La nécessité du sens

Chaque acteur de l'entreprise étant à un degré différent de son évolution et de sa croissance, la notion de sens devient vite indispensable pour fédérer ces disparités. Cette notion, qui recouvre celle de finalité partagée, est à notre avis la seule qui permette une sorte de méta-interdépendance rassemblant les entités individuelles et collectives (équipes et autres éléments de l'organisation) qui sont à des stades de développement différents. Chaque logique étant irréductible aux autres, le saut qualitatif de niveau logique que représente l'accès au sens s'impose pour résoudre les contradictions.

Ceci rejoint le modèle des équipes performantes où seul l'accord sur les finalités et les visions partagées permettra de gérer la complexité de l'entreprise.

Nous voyons que pour le dirigeant, percevoir, diagnostiquer le stade de développement de chacun devient aussi indispensable que de créer les référents nécessaires à l'élaboration d'un langage commun.

Pour prendre une métaphore biblique : faire passer l'entreprise de Babel à la Pentecôte. Faire en sorte que l'entreprise, du stade où chacun étant centré sur sa propre volonté, avec le risque de devenir une tour de Babel, devienne une entreprise d'êtres humains vivants, debout, qui sont dans l'accueil d'un sens partagé et d'un esprit commun : c'est l'entreprise Pentecôte. Ainsi dans le schéma 11 en dynamique de croissance, on peut voir que le processus cyclique décrit par le schéma 10 se transforme en processus en spirale où après avoir fait un cycle complet des quatre étapes, on repart pour un autre cycle, mais à un autre niveau. À l'évidence, chacun des membres de l'entreprise peut se situer à un stade différent et à des niveaux différents dans la spirale. D'où nécessité du sens, colonne vertébrale fédératrice de l'ensemble.

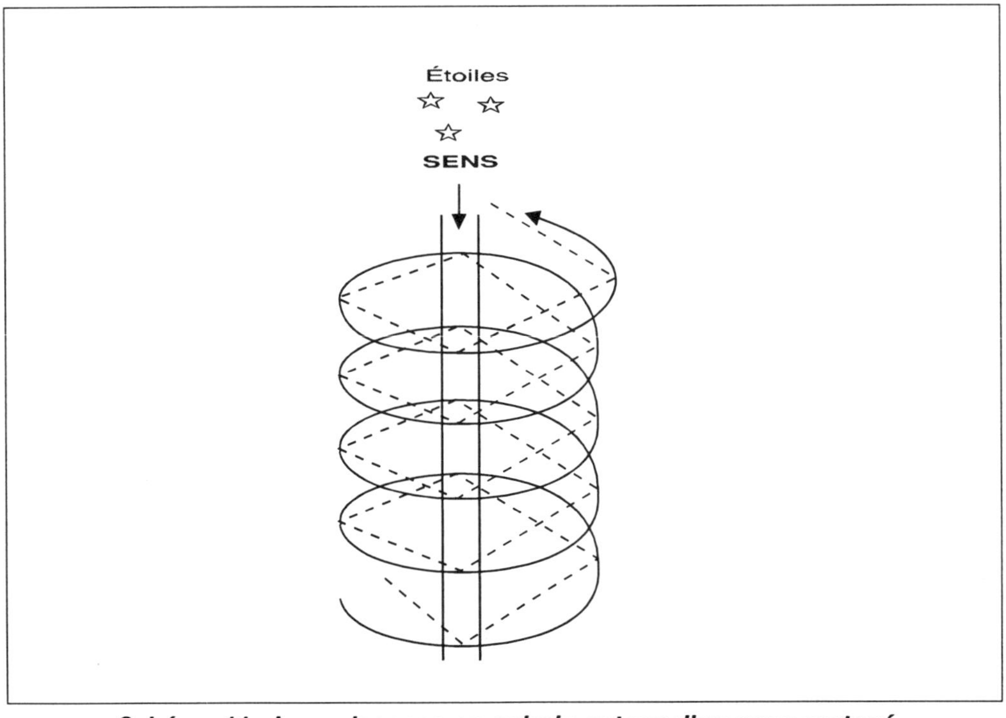

Schéma 11 : La croissance en spirale autour d'un sens partagé

L'aide extérieure : le rôle des consultants

Dans l'expérience de Bertrand Martin, il est clair pour lui que le rôle des consultants extérieurs a été déterminant.

Dans une première étape, un consultant de crise a su donner une impulsion majeure, confronter les équipes, au besoin stimuler, voire même critiquer les dirigeants, gérer une multiplicité de groupes de travail, provoquer une réunion en grand groupe, courir de l'un à l'autre et jouer de rôle de chien de berger tout en étant un porteur de sens et un porteur de valeurs. *« Vous êtes tous les partenaires de la confiance »,* répétait Robert Sarrazac, le consultant actif dans cette première étape.

Dans un deuxième temps, la crise passée, l'outil de production étant restauré, il a fallu faire appel à un autre consultant dont le rôle s'est centré sur l'accompagnement dans la construction et dans la pédagogie. Après la phase de lancement active et vive, un travail plus lent, plus continu, plus structuré s'avérait nécessaire auprès des groupes transverses.

Après la création et la promotion, venait le développement, la production, l'organisation et la finalisation.

Dans toutes les opérations que nous avons accompagnées, il s'avère que le consultant extérieur offre une valeur ajoutée liée aux éléments suivants :

1) le dirigeant vit un certain nombre de paradoxes, du fait qu'il est enfermé et fantasmé dans son statut. Les paroles d'un président ne sont pas entendues comme telles, mais elles sont fantasmées, car : *« C'est le président qui parle. »*

Un dirigeant me disait récemment qu'il se méfiait des attentions portées à ses propres idées, car elles étaient considérées comme les idées du président. Il veillait plutôt à créer des situations de rencontres extérieures ou d'intervention d'un consultant pour éviter que ses idées soient rejetées ou qu'elles provoquent au contraire une suradaptation. Sur ce point, le consultant permet de réhumaniser le dirigeant pour ses collaborateurs et de le défantasmer.

2) le dirigeant est souvent isolé et seul dans sa réflexion. Seul du fait de son statut qui le prive d'un contact transparent avec ses collaborateurs. Un consultant médiateur, qui peut jouer tant le fou du roi qu'écouter les différentes

interfaces pourra jouer le rôle d'un copilote au côté du dirigeant.

3) le dirigeant cumule en général trois rôles : responsable et décideur *in fine* ainsi que gérant des processus managériaux et homme d'un métier.

Même s'il est co-décideur, il reste le responsable final, il gère un processus et doit aussi s'exprimer comme un technicien comme les autres. À l'intérieur des réunions de son comité de direction comme dans la gestion de l'ensemble de l'organisation, les trois rôles se parasitent les uns les autres. Il peut être utile que le consultant le décharge de la gestion des processus, lui offrant ainsi l'occasion de prendre du recul ou d'être à certains moments un participant ordinaire donnant son avis comme les autres ; ou pour être à distance suffisante pour arbitrer et se concentrer sur l'essentiel.

Enfin, le consultant, en plus de son rôle de poisson pilote, de confronteur, d'accoucheur, va apporter son expérience de situations comparables vécues à l'extérieur de l'entreprise, dans d'autres sociétés et d'autres métiers ; son statut est relativement neutre puisqu'il n'a pas d'enjeu institutionnel ou hiérarchique et enfin il apporte une compétence en matière de formation, de communication, de gestion de processus complexes.

Chapitre 2 :

L'essentiel au cœur de l'important

Nous nous sommes rencontrés pour la première fois, Bertrand Martin et moi, au printemps 1992. Très vite nous avons échangé nos réflexions sur le sens que nous donnions chacun à notre engagement dans la vie professionnelle : ce qui était important et essentiel. Inspirés l'un et l'autre par les propos d'Olivier Lecerf[11] selon qui il ne fallait pas mélanger l'important (la création de richesses, la finalité de l'entreprise...) et l'essentiel (les valeurs de l'être humain, la réflexion, l'éducation, la spiritualité...).Nous avons évoqué cette distinction et les dynamiques particulières que supposait la prise en compte de ces domaines.

Bertrand Martin me disait que sa réflexion l'amenait à affirmer que son credo managérial reposait dans cette attitude : *« mettre l'essentiel au cœur de l'important ».* Quand il m'a dit cela, j'ai réagi avec émotion en lui montrant le manuscrit du livre que je venais de terminer : ignorant tout de la rencontre qu'il venait de faire de son côté, j'y disais la même chose.

Ce fut un moment mémorable pour moi : nous nous sommes regardés l'un et l'autre en souriant et nous nous sommes serrés la main. Nous percevions l'un et l'autre que la nature de notre engagement dans l'entreprise était tout à fait comparable et que, au nom de cet essentiel, à travers des voies différentes (lui comme patron d'entreprise industrielle, moi comme consultant et responsable d'un cabinet conseil), nous avions fait un choix de valeurs

[11] Olivier Lecerf, *Au risque de gagner, Le métier de dirigeant,* Éditions de Fallois, 1991.

professionnelles et en même temps un choix existentiel similaire.

Mon propos dans les lignes qui suivent est d'expliciter cette conviction en intégrant la réflexion commune depuis trois ans, tant dans nos échanges personnels et professionnels que dans la réflexion partagée avec lui au cœur du Centre de Recherche en Entreprise du monastère de Ganagobie.

Quelques propos sur l'identité

J'utilise souvent comme référent le modèle sur l'identité suivant lequel tout se passe comme si celle-ci était le résultat de l'interaction entre quatre zones :

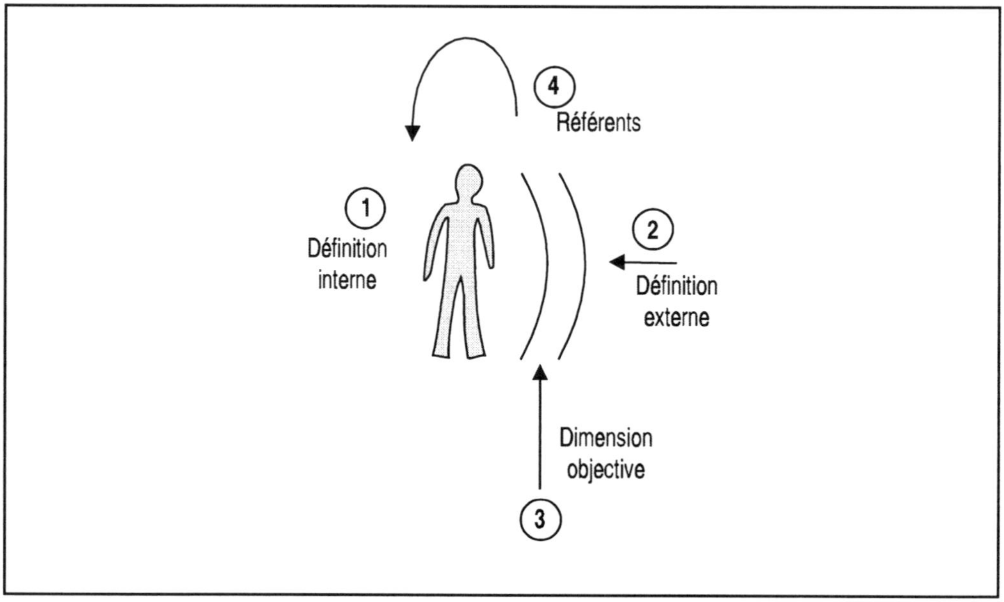

Schéma 1 : Les quatre zones constitutives de l'identité

La zone interne est la définition de soi par soi-même ; la deuxième zone, externe, est la définition de soi par les autres ; la troisième zone est celle de la dimension objective de l'identité et la quatrième est l'ensemble des référents ou introjects par rapport auxquels la personne se définit.

Ce modèle prescriptif est en fait simplificateur d'une réalité plus complexe correspondant aux étapes historiques de la genèse de l'individu et rend imparfaitement compte de la dynamique identitaire consistant pour la personne à passer du « moi » au « je », c'est-à-dire à se constituer comme sujet au-delà de toutes les définitions extérieures à elle-même.

Mon propos vise à situer et mesurer à quel point la prise en compte de ces quatre zones identitaires est déterminante dans l'accompagnement des personnes et dans le travail de management que doit faire tout manager vis-à-vis de lui-même ou de ceux qui l'accompagnent et, à plus forte raison, tout consultant qui gère cet accompagnement.

Le sous-développement ou l'absence de développement d'une zone, le déséquilibre entre ces zones, dans tous les cas de mon expérience, ont pour résultat des problèmes identitaires lourds de conséquences dans l'évolution, la croissance, la motivation, le système relationnel engendré par la personne.

Donnons quelques exemples :

- Si la personne n'a pas confiance en elle-même (ne se considère pas comme « OK »), ne s'estime pas suffisamment compétente, vit dans la peur, n'a pas trouvé elle-même un regard suffisamment positif pour elle-même, tout ce qui va être donné de l'extérieur en termes de reconnaissance, missions, vie opérationnelle, ne sera pas ancré dans une stabilité suffisante. La personne aura alors tendance à chercher désespérément, comme si elle était dans un puits sans fond, une réassurance et une médiation à travers les problèmes opérationnels ou des problèmes de pouvoir. Cela produit le « complexe de la langouste » dont je reparlerai plus loin.
- Si la personne a confiance en elle-même mais ne reçoit pas dans la zone 2 suffisamment de réassurance, de reconnaissance d'autrui, elle risque de partir soit dans une dynamique narcissique par compensation, soit de se couper du réel, (parfois à la limite de la mythomanie), perdant contact avec la parole de l'autre.
- Elle peut également avoir les zones 1 et 2 bien développées : se faire confiance, être reconnue de l'extérieur par des personnes ; mais s'il y a un écart trop grand du fait que son statut objectif n'est pas ajusté (niveau de salaire, définition de poste, lieu de son action, budget, cartes de visite...), cela la conduira à lutter pour une objectivisation juste de son identité qui va parasiter tout le reste.
- Parfois la zone 4 des référents n'est pas assez développée (son éthique,

les personnes auxquelles elle peut avoir recours, une certaine transcendance incarnée dans des personnes, des modèles, des recours, des valeurs... tout ce qui constitue le rapport au sens). Dans une situation de changement comprenant des incertitudes, du chaos et des mutations permanentes, les zones 2 et 3 étant tellement chahutées, la personne ne pourra pas tenir le coup. Comme un navigateur sans boussole, sans confiance dans ses étoiles, elle se trouve en danger de se perdre.

Le complexe de la langouste

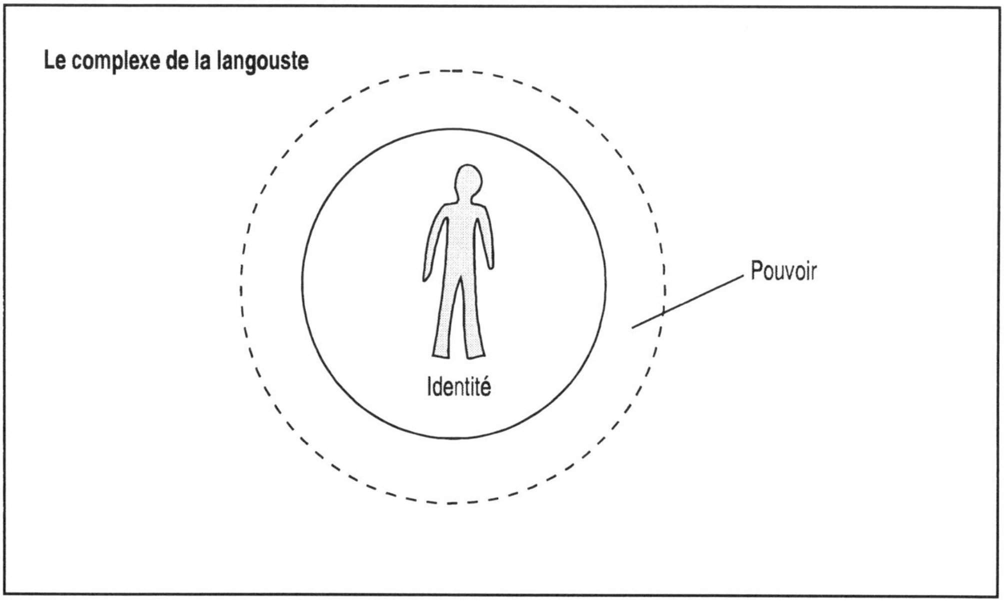

Schéma 2 : Identité et pouvoir
Le complexe de la langouste

Si l'identité de la personne n'est pas suffisamment assurée dans ces quatre zones évoquées dans le paragraphe précédent, autrement dit si l'énergie n'est pas suffisamment présente dans chaque zone et ne circule pas librement de l'une à l'autre, ce qui implique à la fois une certaine fluidité, de la perméabilité et une stabilité suffisante, il se produit un manque de sécurité ontologique de la personne qui ne retrouvera ni dans le regard de l'autre, ni dans son propre regard, ni dans son statut, ni dans ses référents internes, des ressources suffisantes pour se sentir sécurisée, en paix avec elle-même. Elle aura donc tendance à trouver à l'extérieur, dans des éléments d'un autre ordre, notamment dans le pouvoir, une compensation par rapport à son manque identitaire. C'est ce que j'appelle le complexe de la langouste qui utilise sa carapace pour compenser son manque de colonne vertébrale.

Le pouvoir et tout ce qui s'investit autour, deviendra un enjeu de survie qui va parasiter la vie opérationnelle de l'entreprise ainsi que le positionnement de la personne dans l'entreprise à de nombreux niveaux.

Les neuf niveaux de sens

Si la personne n'a pas trouvé son identité et la sécurité ontologique de celui qui sait qui il est, il va se produire une interaction parasitaire, où l'identité (niveau neuf), insuffisante, conduit la personne à s'investir désespérément dans un niveau de pouvoir qui se nourrit d'au moins sept niveaux de réalité : le psychologique inconscient, le psychologique conscient, le niveau opérationnel, le niveau de la définition de la fonction, le niveau de l'entreprise, le niveau de l'environnement et le niveau du métasens.

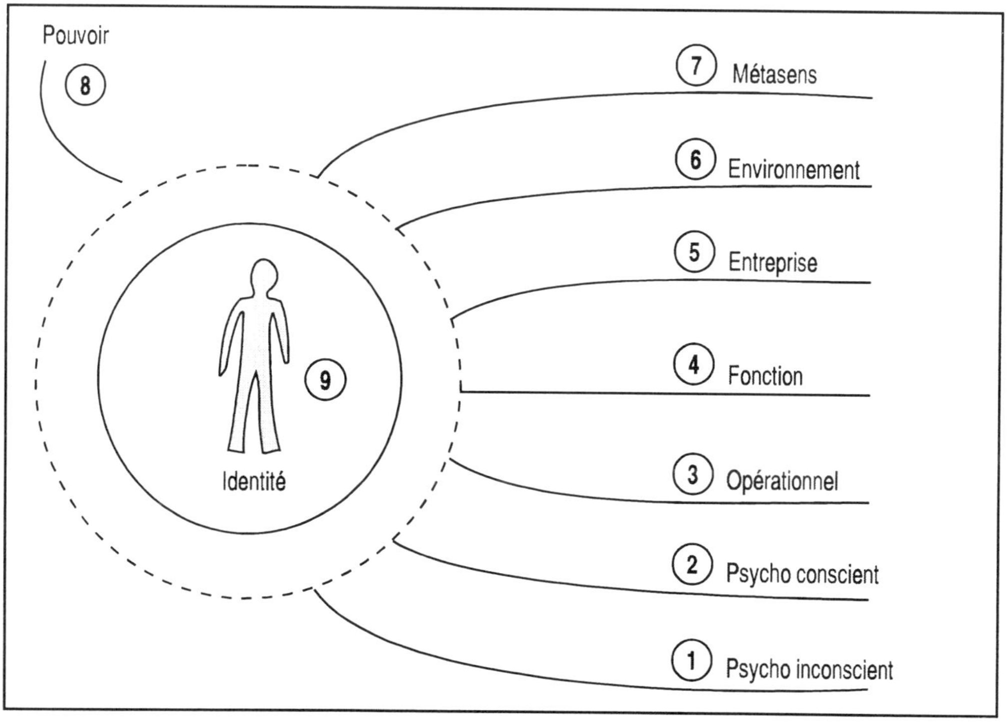

Schéma 3 : Les neuf niveaux du sens

C'est dire que dans l'entreprise, toute la dimension opérationnelle (niveau trois) est parasitée, voire bloquée, par l'énergie investie aux autres niveaux de sens.

Prenons l'exemple d'une réunion, qui a un ordre du jour indiqué dans le niveau opérationnel : au lieu de se concentrer sur la résolution d'un problème ou la prise de décision opérationnelle, l'enjeu et l'investissement de la personne déficiente en identité ou en mutation déstabilisante pour elle-même, va se récupérer au niveau du pouvoir ; elle va chercher à asseoir son pouvoir (niveau huit) et le nourrir de tout ce qui peut se passer au niveau relationnel (niveau deux psychologique conscient), ou dans des jeux plus ou moins inconscients (niveau un), ou bien dans une guerre de territoires où elle va surinvestir la définition de sa fonction (niveau quatre) ; ou bien elle va se positionner dans l'entreprise et tirer les objectifs de l'entreprise au profit de ses objectifs personnels (niveau cinq), ou bien utiliser tout ce qui vient de son environnement pour renforcer son pouvoir, ou enfin justifier son attitude de pouvoir par des éléments venant du métasens (politique, culturel, éthique, spirituel...). Il sera donc nécessaire pour la personne qui gère le changement (manager, consultant ou responsable participant à la réunion) de prendre en compte ce déficit identitaire, ce surinvestissement du niveau de pouvoir et de faire le lien entre les neuf niveaux de sens pour dégager la problématique opérationnelle de tout ce qui la parasite. Ainsi, cette personne agira pour traiter le problème là où se trouve le blocage du sens et seulement après, reviendra à l'ordre du jour opérationnel.

Une conclusion de cette réflexion, à la suite de centaines de situations vécues d'accompagnement individuel de dirigeants, de gestion de réunions ou de gestion de conflits, nous a conduit à constamment avoir ce modèle en tête dans le processus éducatif comme dans le processus de coaching et à permettre aux personnes de gérer leurs problèmes identitaires soit de façon explicite, soit d'une façon voilée. Ce problème identitaire est toujours présent dans la vie des opérations (nous savons que c'est le plus important), comme l'iceberg qui a une partie émergée et visible et une immergée et invisible.

Le travail du manager (comme celui du consultant en entreprise) pour permettre la motivation, le développement, l'implication des personnes, ne peut faire l'économie de la prise en compte de ce processus identitaire qui conditionne continuellement tous les aspects de la vie opérationnelle. D'où la nécessité de l'écoute, de la pacification, de la confiance, du sens, etc.

L'ambiguïté managériale

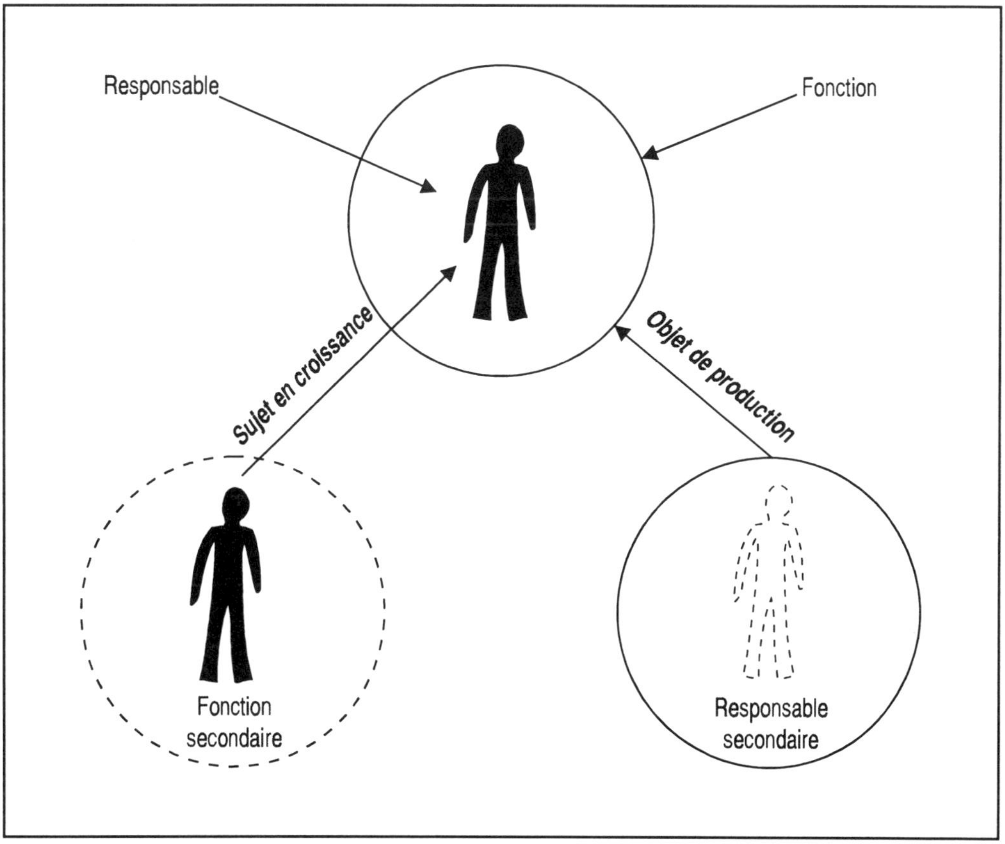

Schéma 4 : L'ambiguïté managériale

Le manager à la fois sujet en croissance et objet de production

Le processus identitaire de ses nombreux niveaux de sens se complique d'une dynamique ambiguë à deux faces : celle du manager « sujet en croissance » et celle du manager en même temps « objet de production ».

Les deux pôles sont irréductibles l'un à l'autre et le rôle du manager est d'intégrer en permanence cette double polarité en ayant un regard sur le « sujet en croissance » reconnu comme tel et accompagné, accueilli dans ce processus de développement et d'élaboration identitaire, en même temps qu'il représente « un objet de production » relativement interchangeable, qui contribue à une chaîne de valeur ajoutée. À l'évidence, l'essentiel, le sujet en croissance, ne peut être sacrifié à l'important, l'objet de production. Mais à l'inverse, l'important ne peut être sacrifié complètement à l'essentiel. D'où une ambiguïté permanente dans le rôle du manager qui doit vivre la mise en place de l'essentiel au cœur de l'important.

Vie personnelle, vie professionnelle

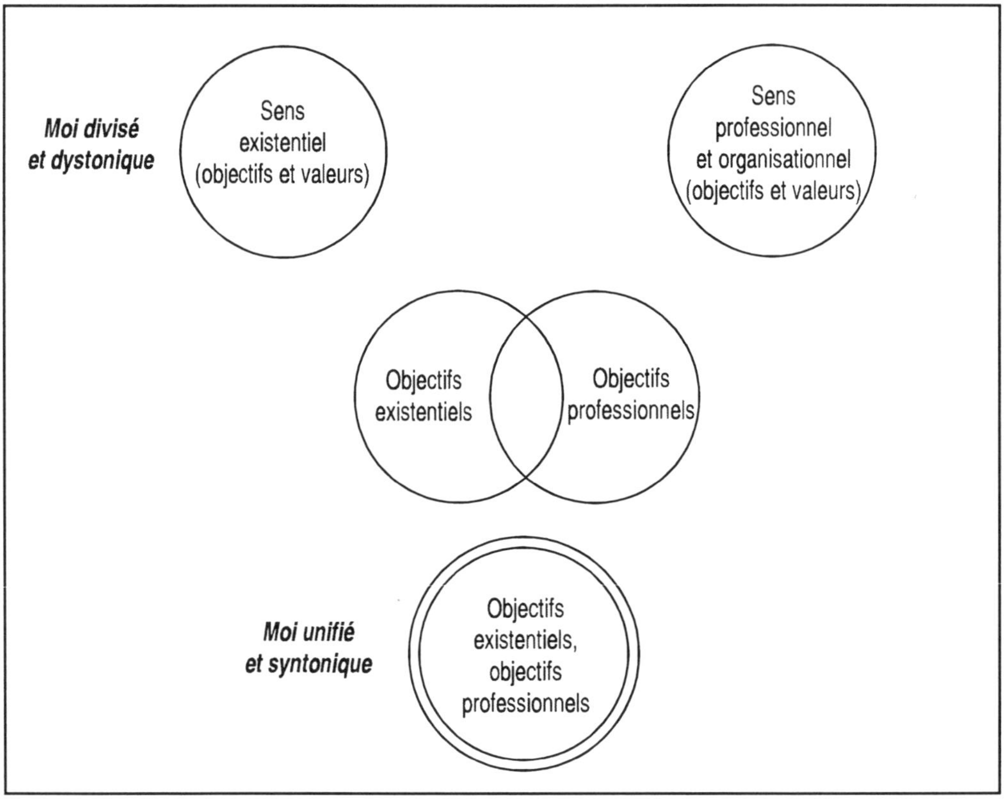

Schéma 5 : Vie personnelle - Vie professionnelle

On peut concevoir trois formes de positionnement de la vie personnelle par rapport à la vie professionnelle, (schéma 5).

Notre position n'est pas de prétendre que la concentricité des deux pôles est nécessaire.

- Le stade où il y a simplement une partie commune est le plus fréquent et sans doute le plus raisonnable compte tenu de la situation des entreprises et de la nature même des travaux demandés.
- Le stade où les deux pôles sont séparés peut être vécu de façon saine, selon la motivation, l'équilibre, la vie de la personne. Cependant, sans vouloir être maximaliste, une volonté d'optimisation nous paraît utile pour permettre à la personne de se sentir mieux dans sa peau et d'accueillir des degrés de motivation et d'implication différents dans l'entreprise.
- Il est probable que le moi syntonique indiqué par la concentricité des deux domaines est celui qui engendrera le plus haut degré d'identification et de motivation au travail. Ce moi unifié paraît souhaitable en première analyse, mais il peut être cependant l'occasion de tous les glissements, perversions et même aliénations, qui feraient du lieu de travail le seul lieu, ou le lieu privilégié du développement de la personne et du sens de sa vie.

Ni angélisme, ni barbarie, ni tyrannie

Ni angélisme, ni barbarie, ni tyrannie

Amour

Morale

Juridico politique

Techno scientifique[12]

Schéma 6 : Les niveaux d'ordre d'après André Comte-Sponville

Nous souhaitons faire référence aux propos[13] du philosophe André Comte-Sponville qui identifie quatre niveaux d'ordre : le technico-économique, le

[12] André Comte-Sponville inclut l'économique dans le scientifique.

[13] André Comte-Sponville, se reporter au chapitre magistral intitulé, *« Le capitalisme est-il moral ? »* de l'ouvrage *Valeur et vérité,* P.U.F, 1994.

juridico-politique, la morale, l'amour. André Comte-Sponville souligne le fait que les quatre niveaux sont d'ordre différent, ne peuvent être amalgamés ni réduits l'un à l'autre, sous peine de « ridicule » (il fait référence à Pascal). Dans cette réflexion que nous ne faisons qu'évoquer ici, nous pouvons simplement dire qu'à l'évidence pour nous, le monde de l'entreprise relève d'abord du technico-économique et pour une part du juridique ; que ces deux mondes ne peuvent trouver en eux-mêmes leur propre justification et que le monde de la morale (et de l'éthique managériale) évidemment doit fonder ces deux niveaux d'ordre. Parler de l'essentiel et de l'important va situer à l'évidence l'important du côté du technico-économique et du juridico-politique et l'essentiel plutôt du côté des deux autres ordres.

André Comte-Sponville indique de façon lumineuse à quel point le fait de réduire un ordre d'un niveau inférieur à un ordre supérieur consiste à faire de l'angélisme ; à l'inverse, réduire un ordre supérieur à un ordre inférieur consiste à faire de la barbarie. Et réduire les quatre ordres à un seul consiste à faire de la tyrannie.

Un des grands dangers de l'entreprise, c'est de faire trop souvent un peu des trois. Au nom de l'essentiel, on ne peut pas oublier l'important et sa réalité, sa cohérence propre. Cependant, il est clair que l'être humain ne se découpe pas en rondelles, il est un ensemble complexe comportant des facettes et des réalités d'ordres différents. Mettre l'essentiel au cœur de l'important, c'est à l'évidence accueillir l'être humain dans sa globalité, tout en ayant la prudence et la réserve nécessaire qui permettent de traiter et de respecter le jardin privé, la dimension d'intériorité de la personne qui vient d'abord dans l'entreprise le plus souvent pour traiter l'important : gagner sa vie.

Emmanuel Faber(14) radicalise ce positionnement en disant que l'entreprise est là pour permettre d'abord aux gens de gagner leur vie et qu'aucun chef d'entreprise n'a le droit de pousser quelqu'un vers une autre motivation. En cela, il dénonce les différentes modes de management de l'entreprise qui sont passées par l'excellence, l'éthique, comme autant de champs de manipulations. Nous partageons cette prudence et cette réflexion tout en ayant le souci d'offrir sur le lieu du travail une qualité de respect, d'accueil et d'écoute qui permette aux personnes, d'une part de ne pas perdre leur

(14) Emmanuel Faber, *Main basse sur la cité,* collection Pluriel, Éditions Hachette, 1992.

âme et, d'autre part, de pouvoir rencontrer les autres aussi à ce niveau de l'essentiel.

Le slogan américain *« Business for a better world »*(15) n'est pas une aberration, à condition qu'effectivement ce ne soit pas l'occasion d'une manipulation ou d'une perversion de pouvoir subtilement présente.

La colonne vertébrale du sens

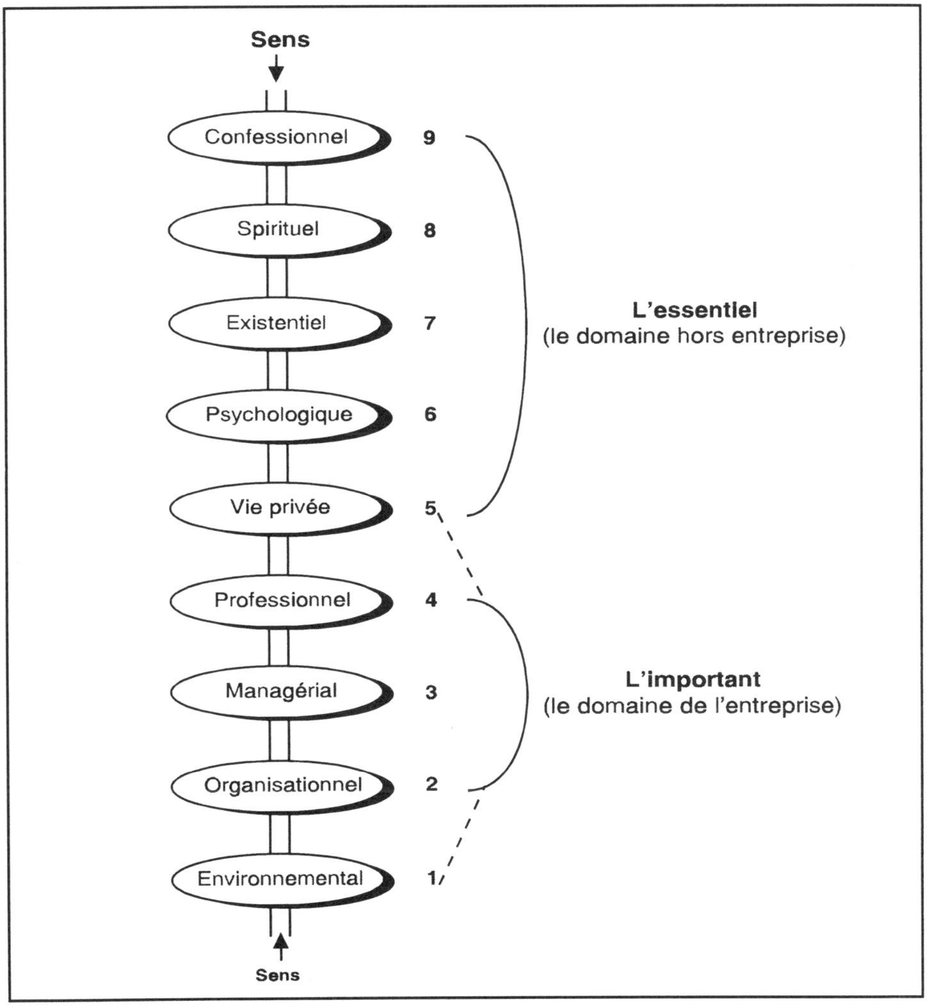

Schéma 7 : La colonne vertébrale du sens

(15) « Des affaires pour un monde meilleur » . Il s'agit d'un slogan répandu aux États-Unis et utilisé par des amis consultants basés à San Francisco : Pascal Baudry et Christian Forthomme.

Dans le schéma 7, nous avons essayé de positionner neuf niveaux d'identité constitutifs de ce qui pourrait être métaphoriquement une colonne vertébrale de l'identité et du sens des personnes. Chacun de ces niveaux correspond effectivement à une construction identitaire spécifique, irréductible aux autres.

- Le niveau un est celui de l'identité politique, l'appartenance associative, nationale, etc. C'est un niveau d'identité qui n'est pas à prendre à la légère, notamment à notre époque où des problèmes d'identités nationalistes ou ethniques restent l'occasion de vie ou de mort (Yougoslavie, Rwanda...).
- Les trois niveaux que sont l'identité organisationnelle, l'identité managériale et l'identité professionnelle, correspondent à des niveaux qui sont ceux de l'important et ceux du monde de l'entreprise.

L'identité organisationnelle correspond à l'appartenance à une entreprise, qui fait que la personne se sent porteuse de la pérennité de l'entreprise à travers son action.

L'identité managériale correspond au niveau d'identité de la définition de fonction. Nous savons que la façon dont la fonction est définie et vécue, le stade de développement managérial (soit technicien, soit manager ou leader), la problématique de la prise de poste, celle de la définition du salaire, du budget, du pouvoir de la personne dans ce poste, etc. vont être déterminants.

L'identité professionnelle correspond au trajet que supposent la formation, le développement de la compétence dans le métier, un cheminement qui peut avoir pris de trois à quinze ans.

Il y a souvent des écarts entre les niveaux deux, trois et quatre : un des aspects de la formation et du coaching sera de permettre une meilleure cohérence entre ces niveaux.

- Le niveau cinq, celui de la vie privée, doit être préservé dans sa spécificité ; c'est l'espace de la vie familiale, de la vie intellectuelle, de la vie culturelle, des hobbies, du lieu de ressourcement et du lieu d'appartenance sociale, libéré de l'emprise entrepreneuriale. C'est un domaine souvent envahi par le métier et les pressions organisationnelles et qu'il importe de respecter de façon appropriée.

- Au niveau six, nous avons le domaine de la vie psychologique et plus particulièrement du développement personnel, voire même de la thérapie. À lui seul, le travail identitaire auquel il correspond a une spécificité et suppose des compétences et des lieux de parole propres que l'entreprise doit à l'évidence respecter. En même temps, un déficit ou une problématique à ce niveau-là ne peut pas ne pas retentir sur la vie professionnelle de l'individu (crise affective, traumatismes de l'enfance limitant la structuration de la personne, problèmes non résolus par rapport à l'autorité, à un projet de vie, etc., autant d'éléments relevant de l'essentiel qui vont engendrer des effets sur l'important).

- Enfin, les domaines sept, huit, neuf constituent une problématique particulière du sens, qui correspond à un passage (cf. schéma 8) de la question « pourquoi ? » (posée au niveau psychologique six) à la question « pour quoi ? ». Elle va conduire la personne à définir son identité à partir de choix existentiels et notamment par rapport aux questions de la mort, ou de la finalité de sa vie personnelle ou professionnelle.

La notion du sens va devenir fondamentale dans ce que nous appelons la zone des référents identitaires. À quoi sert tout cela ? Qu'est ce qui est important ou primordial dans ma vie ? Qu'est-ce qui va faire que ma vie personnelle ou ma vie professionnelle aura valu la peine d'être vécue ?

Quand nous sommes dans des situations de crise et que nous accompagnons des responsables, une lecture psychologique ou managériale ne suffit pas : des problèmes existentiels émergent presque toujours.

Dans le schéma 8, nous voyons également que la question du sens peut déborder l'espace entre la naissance et la mort et ouvrir sur un positionnement par rapport à l'au-delà. Et cet espace au-delà de la mort peut s'ouvrir dans le présent sur un au-delà du visible ; à ce moment, la question de l'identité spirituelle de la personne va se poser.

L'ici et le maintenant vont être regardés par la personne dans la perspective d'une certaine transcendance qui n'est plus simplement l'autotranscendance définie par le choix de ses valeurs, comme dans le cas précédent. Cet « ici et maintenant » va être perçu comme une situation de contingence où, la personne elle-même n'étant plus l'absolu, va accueillir une anthropologie, une cosmologie, voire même une théologie qui vont fonder son existence. La question « pour quoi ? » va devenir la question « pour qui ? ».

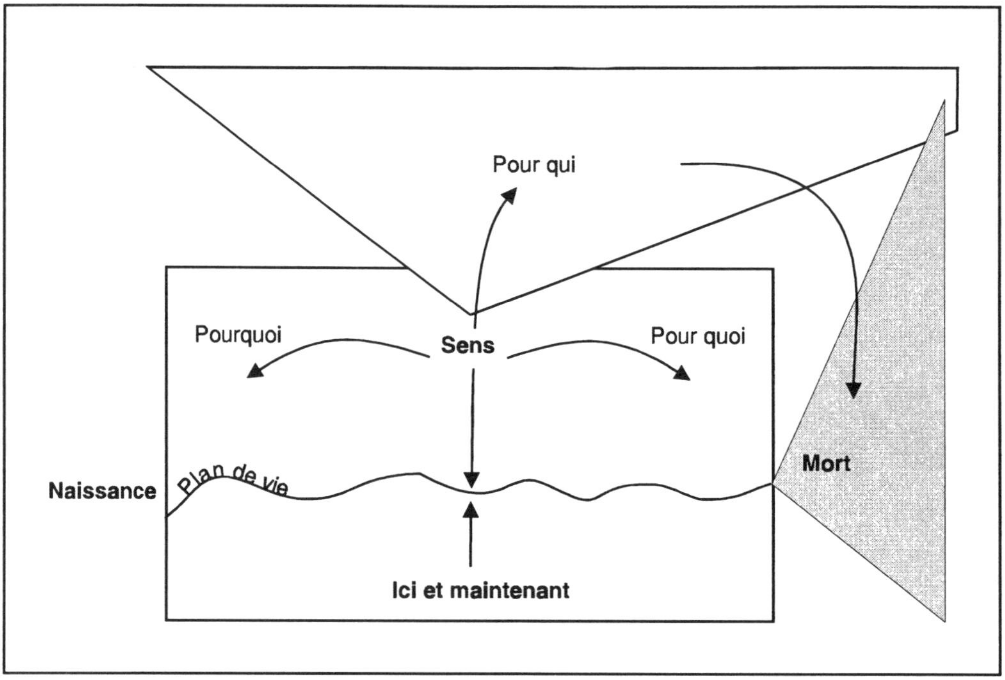

Schéma 8 :
Trois réponses complémentaires à la question du sens :
pourquoi, pour quoi et pour qui ?

Le niveau neuf formule cette élaboration identitaire en termes confessionnels, c'est-à-dire dans la spécificité d'un système de représentation religieux ou autre (le « ce que je crois » spécifique de la personne). Ce système peut être totalement réduit ou amalgamé dans un syncrétisme qui mettrait sur le même plan ou dans une même définition, la représentation que peut avoir un juif par exemple, un hindou ou un chrétien. Dans un cas, l'histoire a un sens particulier, il y a une espérance dans la résurrection, dans l'autre cas l'histoire est vécue comme une répétition cyclique, voire même comme un rêve dont il faut se réveiller.

Chacun de ces niveaux identitaires présentés dans cette colonne vertébrale correspond, un peu comme le disait André Comte-Sponville, à un niveau d'ordre qui a sa cohérence et sa spécificité. Là encore, évitons autant l'angélisme que la barbarie ou la tyrannie.

L'essentiel, évidemment, se situera dans les niveaux cinq à neuf et dans le niveau un.

Notre objectif, pour Bertrand Martin et moi-même, consiste à accueillir la personne comme une entité globale porteuse de l'essentiel et à veiller à ce que, dans l'important qui est le monde de l'entreprise, elle ne crée pas une distorsion fondamentale avec cet essentiel. Qu'elle puisse faire circuler et potentialiser cette énergie de l'essentiel au niveau de l'important, sans que cet essentiel perde de sa valeur ou qu'il soit perverti.

Cela suppose un travail important sur soi-même fait par le dirigeant : remise en cause au niveau psychologique (par un travail thérapeutique ou au moins de développement personnel) et/ou sur le plan existentiel ou spirituel. D'abord, nettoyer ses propres lunettes régulièrement.

Notons que Bertrand Martin a eu le souci de cette remise en cause essentielle et en a fait l'investissement, notamment par l'accompagnement PRH qu'il évoque dans son témoignage, par diverses retraites, etc.

Pour moi-même, en tant qu'agent de changement, consultant, coach, psychothérapeute et didacticien, cela représente plus de vingt années de travail thérapeutique en tant que client (psychanalyse, approches humanistes, individuelles et de groupe...) et presqu'autant de travail didactique et de supervision, en plus de la recherche spirituelle.

Ainsi, mettre l'essentiel au cœur de l'important constitue un vaste programme dont on peut, par les schémas précédents, discerner les composantes et les niveaux d'ordre. Rien n'est plus complexe, plus ambigu, plus délicat que ce projet. La difficulté est que l'essentiel se trouve présent et inclus dans ce qui est le plus visible : les comportements. Mais la structure profonde de la personne, à savoir son histoire, son appartenance ethnique, religieuse, philosophique, ses croyances dans les domaines les plus intimes et les plus personnels, ses croyances sur la vie, sur le management, sur le monde du travail, tout cela se trouve donc au-delà du visible. On est un peu dans la position de ces ingénieurs en énergie atomique qui doivent travailler sur des énergies colossales, sans pouvoir toucher ce qui constitue le cœur de cette énergie. Ils sont obligés de travailler à distance à travers des écrans protecteurs.

Ainsi en est-il des agents de changement ou des dirigeants qui travaillent avec des personnes sans pouvoir leur parler de leur vie privée, de leur structure psychologique, même si, à l'évidence, ces domaines régissent leur comportement et leurs attitudes, sans pouvoir parler de leurs choix existentiels ou spirituels.

Par définition, nous l'avons dit, le monde de l'entreprise se doit d'être laïc, de respecter la vie privée, d'être respectueux de tout ce qui est d'ordre politique, ethnique, psychologique et spirituel. Alors, comment fait-on ?

Mon propos vise à exprimer et promouvoir une anthropologie managériale fondée sur mes convictions, mon expérience et mon métier de thérapeute et de chercheur spirituel en plus de celui de formateur, de consultant et d'accompagnateur (coach). Il s'agit donc d'une pratique intégrant des disciplines diverses et complémentaires et supposant de naviguer avec prudence sur des lignes de crêtes bien balisées pour un professionnel, mais nécessitant un positionnement éthique rigoureux ; ça ne s'apprend pas dans les bouquins. Une formation, une supervision et une pratique éprouvée nous paraissent nécessaires.

Premier modèle : les systèmes de représentation qui sous-tendent les stades de développement des équipes.

Nous pouvons considérer chaque acte de management dans une perspective de causalité linéaire où le contenu prévaut. La préconisation sera d'être le plus performant possible dans chacune des techniques que nous abordons. S'il s'agit de finance, nous faisons appel à la compétence du financier, si nous sommes ingénieurs, nous développons les talents techniques, si nous sommes manager, nous nous référons aux meilleures théories et aux meilleurs outils dans ce domaine.

Ce niveau de réalité ne peut en aucun cas être oublié. Cependant, notre rôle d'agent de changement est de passer au niveau de la causalité circulaire et d'une représentation systémique. Au-delà des solutions techniques que nous proposons, nous veillons toujours à ce que les processus mis en œuvre permettent la participation, la compréhension de l'autre et que les boucles amplificatrices qu'engendre notre action dans les systèmes soient contrebalancées par des boucles régulatrices. Nous ne lançons pas une action sans prévoir à la fois un feed-back sur cette action et la coélaboration par les acteurs des processus que nous mettons en œuvre.

La troisième étape de cette approche, sans abolir les deux étapes précédentes (linéaire et systémique), est d'avoir une représentation holomorphique[16] du management, c'est-à-dire une approche où chaque acte est porteur du tout : une note de service, une action de recrutement, la résolution d'un conflit, la mise en place d'un groupe de projet, la conduite d'une réunion, le mode de prise de décision individuelle et collective, chacun de ces actes

[16] de *holos* « le tout » et *morphos* « la forme ».

managériaux est générateur d'une culture. C'est-à-dire de valeurs, de modélisations, d'exemples, d'événements qui vont à leur tour générer un faisceau d'événements qui constituent la culture de l'entreprise. En retour, cette culture constitue pour le manager le tissu communautaire dont lui-même va être dépendant. Ainsi, si j'ai créé de la confiance, si j'ai créé un processus de croissance, si j'ai su engendrer de la coresponsabilité, je serai en retour porté par la dynamique que j'ai créée, je bénéficierai du crédit que j'ai donné aux autres, je serai à mon tour soutenu par l'intelligence collective que j'ai suscitée. Le manager crée la communauté et la communauté crée le manager en retour. Le regard que je porte sur la contribution que je fournis au développement de ce système sera pour moi en retour générateur de ma propre croissance ainsi que de celle de chacun des acteurs.

La conjugaison de ces trois niveaux de lecture, qui peut comporter des contradictions, est en définitive la meilleure façon de mettre de la cohérence, de passer de la démarche d'impulsions et d'actions ponctuelles séparées entre elles à une construction tachiste (comme la peinture d'un tableau faite de petites taches successives) qui fait émerger une vision globale cohérente avec chacune des actions.

Deuxième modèle : intégration du développement de soi-même, du développement de la relation à l'autre et de celui de la communauté.

Le développement de soi-même

C'est la tentative de développer ses talents, la volonté d'être le meilleur dans la profession, le désir de tendre vers l'optimisation de son potentiel.

La perversion de cette démarche peut être celle de la toute puissance, de la constitution de soi-même comme un absolu et non pas comme un élément de contingence, c'est le narcissisme, le comportement de « prima donna ».

À l'inverse, prendre conscience du changement que je dois faire sur moi-même et faire en sorte que tous les éléments de ma propre identité soient de plus en plus cohérents par rapport à mes valeurs et aux éléments de sens (psychologiques, existentiels, spirituels, confessionnels qui nous constituent), tel est le travail dont je suis seul responsable. Je peux dans tous les cas tenter de me changer moi-même et viser davantage de congruence. Si je suis dans cette perspective systémique, le fait de me changer moi-même est probablement la façon la plus performante de changer le système dans lequel je suis.

Olivier Lecerf montrait dans son livre *Au risque de gagner,* à quel point le fait que le dirigeant soit porteur d'un regard éthique, même s'il n'en parle pas explicitement, influe sur l'ensemble de l'organisation dont il est responsable. *A contrario*, le comportement d'un dirigeant plus laxiste et moins rigoureux sur le plan éthique se ressent sur l'ensemble du système.

Le développement de la relation à l'autre

Si je ne peux pas parler directement et explicitement dans l'entreprise des différentes zones de l'essentiel, je peux en tout cas, par ma croyance, la qualité de mon regard, la qualité de mon silence et de mon écoute, la qualité de mon attention et de mon respect, témoigner à l'autre que ce dont il est porteur n'est pas simplement son comportement dans l'important. Je peux le regarder comme un sujet, ce qui suppose de me mettre moi-même comme un sujet devant lui.

Une autre façon de le formuler sera de dire que je vois en lui, dans l'entreprise, un sujet en croissance et pas seulement un objet de production. C'est le regard d'un entraîneur sur un champion qui perçoit clairement son niveau de performance actuel mais qui est plus attentif et ouvert encore à la réalisation de son potentiel. C'est le regard de celui qui, tout en observant le comportement actuel, discerne en même temps le prince à l'intérieur de la grenouille. Éric Berne, le fondateur de l'analyse transactionnelle, disait que chacun d'entre nous, dans ses limites et ses difficultés, se vivait un peu comme un crapaud qui avait été défini comme tel par le regard de ses parents, ou des gens qui lui avaient jeté des sorts, alors qu'en fait, il savait bien qu'il était un prince. Éventuellement, si mon regard est spirituel ou confessionnel, je peux voir en l'autre non seulement le « vieil homme » qui se débat dans ses difficultés, mais « l'homme nouveau » qui est en train d'émerger dans la dynamique de la grâce.

C'est cette qualité de regard qui fait dire à Bertrand Martin qu'en face de lui se trouve l'homme possible et que lui, responsable et dirigeant, se doit de créer les conditions pour que l'homme possible se révèle.

Le développement du bien commun

Enfin un troisième modèle de cette mise de l'essentiel au cœur de l'important réside dans le fait qu'il ne s'agit pas simplement d'une relation d'un individu à un individu mais que, dans cette relation, s'actualise la création d'une communauté. Cette communauté, pour réduite qu'elle soit, s'il s'agit simplement d'une relation entre deux individus, est cependant porteuse de tout l'univers. *Le Talmud*, tel qu'il est cité par Stephen Spielberg dans le film récent *La Liste de Schindler,* rappelait que le fait de sauver un être humain, c'est sauver le monde entier. Le positionnement de Bertrand Martin, auquel je m'associe, est de présenter que l'homme possible en face de moi, avec qui je noue une relation de confiance et de fraternité, même si cette relation est vécue dans la difficulté et le conflit, peut être le lieu de la construction de cette communauté humaine. Un peu comme dans un couple, il s'agit non seulement de se développer et de développer l'autre, mais à travers l'optimisation de nos deux développements dans l'amour, de construire une cellule essentielle de la communauté humaine. Un couple qui s'enfermerait dans un égoïsme à deux est condamné : si cette relation d'amour et de construction s'ouvre à la dimension communautaire, elle est porteuse de germes d'infini.

En guise d'épilogue

Le dirigeant ou l'agent de changement est conduit à naviguer dans une ambiguïté permanente, dans des positions paradoxales, dans des situations de pouvoir perçues comme équivoques et dans un positionnement toujours critiquable.

Le management dans le chaos est conditionné par l'incertitude (on est dans le domaine de l'imprévisible). En face de cette incertitude, le dirigeant doit assumer l'imperfection (la non-conformité à des schémas préétablis). Les stratégies planifiées d'autrefois doivent laisser la place à des stratégies émergentes (dont le sens apparaît progressivement) ou occurrentes (dont le cours est soudainement modifié par l'événement inattendu), donc surprenantes et souvent contradictoires.

Le dirigeant doit être à l'aise face à cette non-conformité. Le doute, la peur, la culpabilité, la mise en défaut sont continuels, puisque rien n'est conforme à rien.

Le dirigeant met en œuvre des actes qui comportent toujours une dimension paradoxale : il produit le contraire de ce qu'il demande. Par exemple, le fait d'inviter les gens à exprimer des idées risque de les bloquer, ou s'il communique lui-même ses idées, les autres se sentent souvent empêchés de s'exprimer.

On se souvient du fameux et paradoxale : *« Soyez autonomes, soyez spontanés ».*

Comme les situations complexes relèvent de plusieurs niveaux logiques en même temps, on est forcément dans l'ambiguïté permanente : quelle est la priorité ? Ce dont je parle, dans une perspective à long terme, est-il compatible avec le court terme ? L'invitation que je donne aux gens à prendre du recul est-elle compatible avec l'urgence opérationnelle ? Etc.

Enfin, par ailleurs, l'agent de changement est forcément ambivalent. Il souhaite que les gens soient autonomes, indépendants, responsables. En même temps, il lui est difficile de renoncer à ses propres idées, ou à sa propre vision du changement. Il veut que les autres prennent des initiatives, mais il veut en être informé au préalable, ou au moins, que ses propres initiatives soient prises en compte.

Tout cela rend la position de l'homme d'action, du dirigeant, source de stress et de frustration permanente. C'est pour cela que la notion de sens, qui situe les priorités et les finalités dans la plus grande clarté possible, est nécessaire pour obtenir l'accord des acteurs. Le cap étant défini, chacun tenant sa propre boussole, les virements de bord ne seront plus vécus comme contradictoires. Si on est d'accord sur les objectifs et les valeurs, il incombe à chacun de gérer sa dynamique.

Une belle histoire des premiers temps monastiques, empruntée aux pères du désert, pourrait se transposer dans le monde du management. C'est l'histoire d'Arsène que me racontait, il y a quelques années, le Père Hugues Minguet, moine bénédictin à l'abbaye de Ganagobie (à soixante kilomètres au nord d'Aix-en-Provence).

Arsène, fameux Père spirituel de l'époque des Pères du désert, respecté et aimé de tous pour son humilité, est aux portes de la mort. Ses frères l'entourent avec des sentiments contradictoires : d'un côté, ils se réjouissent de ce qu'il va enfin passer les portes du paradis, de l'autre, ils pleurent la perte d'un frère et d'un père très aimant.

Le diable profite de cette situation confuse pour livrer son dernier combat. Il avait longtemps combattu Arsène et ils se connaissaient bien. Mais dans ses derniers instants, le diable essaie d'arracher enfin la victoire qu'il n'a jamais pu obtenir. Il se prépare à utiliser sa dernière botte secrète ; il s'approche d'Arsène et s'adresse à lui :

« Je suis le diable, tu me reconnais, n'est-ce pas ? Je viens te trouver pour te rendre hommage : en effet, j'ai tout essayé, mais je te l'avoue

maintenant, tu m'as vaincu par ton humilité. »

Arsène, presque déjà parti dans le paradis qui l'attend, reprend ses esprits en cet instant décisif et regardant le diable dans les yeux, lui répond :

« Je ne suis pas encore mort. »

Je crois que les responsables se doivent d'être vigilants en face de toutes les récupérations ou les manipulations dont ils peuvent être les objets ou les sujets et veiller, par un questionnement éthique en intelligence de situation, à ce que leur situation de pouvoir ne devienne pas le lieu où ils perdent un peu ou beaucoup de leur âme. Le dirigeant se doit d'être aussi méfiant qu'Arsène, tout en étant confiant dans son action. La question permanente reste toujours posée : quelle est la véritable finalité ? Le bien commun, le service, ou l'égoïsme individuel ou celui d'un groupe mafieux ?

Toute démarche entrepreneuriale, toute action d'accompagnement, tout processus éducatif sont des espaces de risque. Cette dimension est irréductible. Pour reprendre des idées déjà répandues du management situationnel prônées par des Américains ou des Français, le bon management est celui qui intègre la juste perception des enjeux, la situation, le développement des personnes, le degré d'importance et d'urgence du problème et le caractère nécessairement arbitraire de toute action.

Cependant, il me paraît essentiel d'être conscient des étapes et des finalités d'un processus de changement et de la dimension éducative qu'il comporte. Être porteur de valeurs du développement humain, pour des raisons spirituelles ou morales, bien sûr, mais aussi pour des raisons d'efficacité : il s'agit de développer une anthropologie managériale qui contribue à la grandeur de l'homme et de croire que, dans les finalités de l'entreprise, la finalité économique de création de richesses non seulement n'est pas forcément incompatible avec le développement des valeurs et des personnes, mais en est très largement dépendante.

Des études récentes menées par les deux chercheurs James C. Collins et Jerry I. Porras[17] de Stanford démontrent que les entreprises visionnaires qui ont su perdurer et devenir le phare, le référent de leur métier, sont celles pour qui le profit n'était qu'une seule des finalités certes incontournable mais pas forcément première. Ils font allusion à des entreprises

[17] James C. Collins et Jerry I. Porras, *Built to last,* Éditions Century, London.

importantes et qui ont derrière elles plusieurs décennies telles que Ford, 3M, Hewlett-Packard, Boeing. Ce qui a fait la force de toutes ces entreprises, c'est un noyau central de valeurs fortes (core values) et un sens aigu des finalités et du défi (sense of purpose). Dans leur ouvrage remarquable, Collins et Porras démontent un certain nombre de faux mythes d'entreprises qui se disent performantes : le mythe du leader charismatique comme seule solution, le mythe du profit comme valeur première, le mythe du bonheur dans l'entreprise, etc. Ils indiquent ainsi qu'il n'est pas facile de vivre dans une entreprise visionnaire pour ceux qui ne sont pas en accord avec la culture de l'entreprise.

Notre propos dans ces quelques réflexions était d'insister sur le fait que le corps des valeurs et des croyances dont est porteur le responsable (afin qu'il devienne un responsable porteur de sens) est indispensable pour qu'il puisse orienter son action. Sans étoile et sans boussole, il aura du mal à assurer son cap, même si ce cap est défini.

Une autre ambiguïté me paraît fondamentale : de quel sens s'agit-il ? D'un sens donné ou d'un sens reçu ?

Le dirigeant doit-il donner le sens ou doit-il créer les conditions qui permettent au sens de se révéler de manière latente ou déjà explicite, dans l'imaginaire et dans le cœur des personnes dont il a la responsabilité ? Les deux, mais dans une pondération différente, suivant les moments, les situations et les personnes concernées. C'est le paradoxe et l'ambiguïté continuelles dans lesquels il se trouve contraint. C'est le propre même du paradoxe éducatif : aider l'autre à se débrouiller seul.

Nous avons évoqué le développement des étapes de l'autonomie. Bruno Jarrosson les illustre avec l'image du père tenant la selle du vélo de son fils : à quel moment doit-il assurer la protection (tenir la selle), faire confiance en invitant l'autre à prendre son élan, à quel moment lâcher effectivement la selle ? Cette complexité dépasse toutes les conformités et repose sur la sensibilité d'un art et sur l'intuition. Encore faut-il que cet art éducatif et cette intuition soient nourris d'expérience, de formation, de conceptualisation.

Les lignes qui précèdent sont une modeste tentative dans ce sens. Enfin, comme on le voit dans le schéma n°9, ce processus éducatif consiste dans un premier temps à ce que le dirigeant ou l'agent de changement assume un rôle de référent et, d'une certaine façon, par sa présence, son action et tout ce dont il est porteur, il doit incarner le sens. Il est là pour amener les autres vers les étoiles, mais au départ, il incarne l'étoile elle-même, il remplace l'étoile. Le grand danger, c'est qu'il se prenne lui-même pour l'étoile, tel l'âne de La Fontaine portant les reliques, qui avait plaisir à se croire adoré. Tout le processus éducatif visera progressivement à ce que les personnes qu'il accompagne, en tant que dirigeant, puissent accéder à la vision des étoiles dont ils sont également porteurs. On connaît le proverbe oriental : *« Quand le sage montre du doigt la lune, l'ignorant regarde le doigt. »*

Cette étape est pourtant nécessaire. Lorsque l'on veut reconnaître les étoiles, il est souvent nécessaire de s'adresser d'abord à un astronome. Il importe que la bonne ou sale gueule de l'astronome n'enlève rien à la beauté des étoiles.

Ce que je viens d'évoquer correspond à une démarche d'expérience faite de souffrances, d'erreurs, d'ajustements, de remises en question, de questionnements éthiques, où quel que soit le corps de valeurs auquel on se réfère, il n'y a pas de réponse toute faite. L'aventure que représente l'action et plus particulièrement l'aventure entrepreneuriale d'un chef d'entreprise peut être le lieu de l'élaboration d'une œuvre partie prenante de la création du monde ou de sa destruction. À travers la création de richesses, cette aventure contribue à la création de personnes qui deviennent ainsi non seulement des cocréateurs associés, mais aussi des cocréateurs de ce monde.

Mettre l'essentiel au cœur de l'important ne consiste pas à faire de l'entreprise une idole, une finalité en soi. Cela consiste au contraire à voir que l'entreprise est un lieu de vie qui a aussi sa naissance et sa mort, qui doit vivre ses cycles. Comme une école qui peut être un lieu de développement transitoire des personnes, l'entreprise ne trouvera son équilibre que dans la mesure où son positionnement sera effectivement celui d'un lieu de croissance et d'un lieu de vie.

John Naisbitt[18] rappelait il y a quelques années que les enjeux de l'entreprise future seraient d'avoir la capacité d'attirer les meilleurs et de veiller à les garder par la suite. Je pense effectivement que les meilleurs seront ceux qui chercheront dans l'entreprise non pas la finalité de leur existence mais le lieu où ils pourront développer au mieux leur propre potentiel. Pour rappeler les niveaux de motivation de Maslow, ce potentiel inclut la

(18) John Naisbitt, *Coup d'état dans l'entreprise*, InterÉditions, 1986.

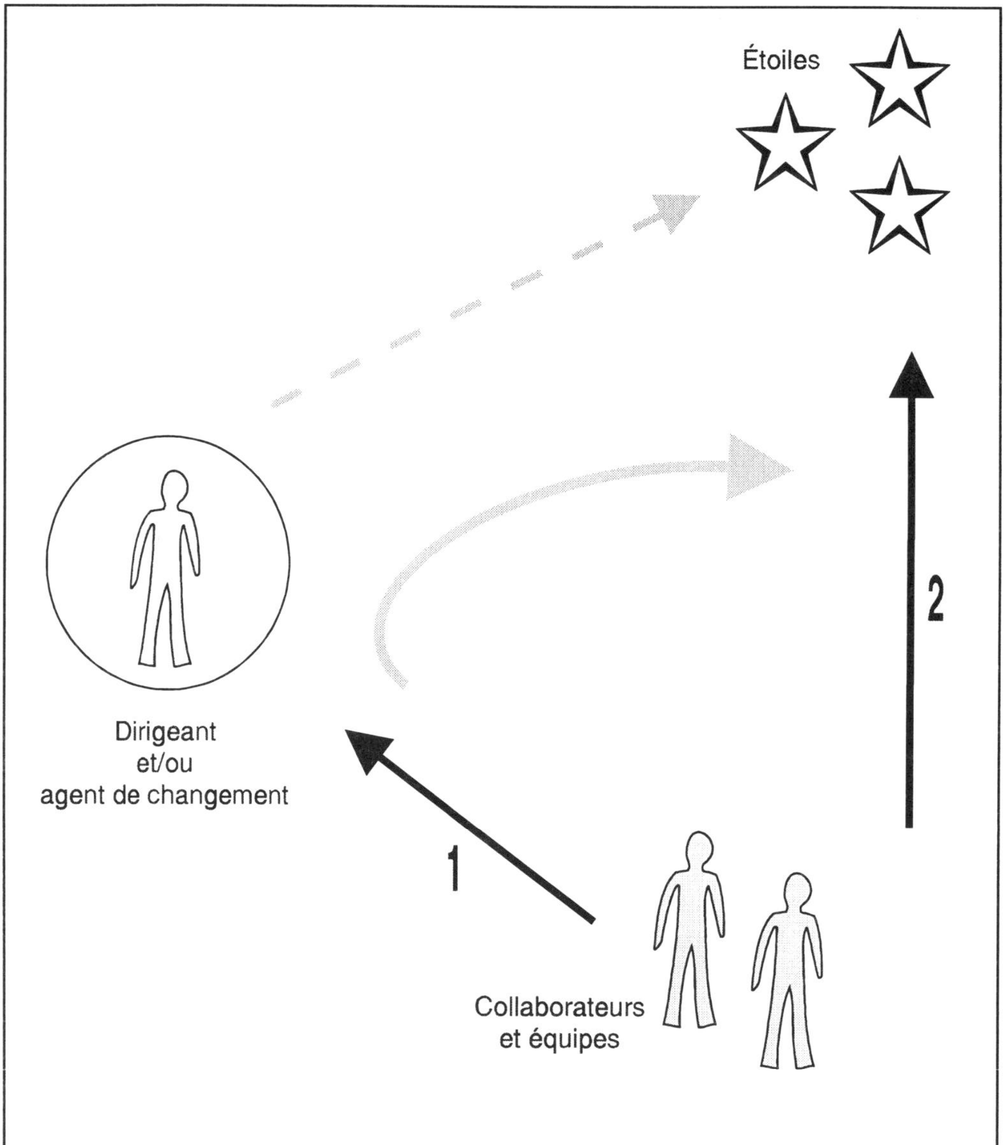

Le dirigeant amène progressivement les personnes
à ne plus le regarder mais à regarder les étoiles directement.

Schéma 9

motivation économique et la sécurité mais, au-delà, il inclut aussi le besoin de l'appartenance, de la reconnaissance de soi et surtout de sa propre réalisation spirituelle.

Mettre l'essentiel au cœur de l'important, c'est inviter les autres à être des coresponsables, c'est-à-dire des gens qui vont à leur tour intégrer les tensions, voire les contradictions entre, d'une part, une vision réaliste qui ne sombre pas dans le cynisme, et d'autre part, une vision nourrie de convictions et de valeurs, qui ne tombe pas pour autant dans l'angélisme.

Gérer cette complexité, prendre le risque de vivre et de poser des actes, tel est l'enjeu. Il est d'autant plus difficile que nous avons à traiter du matériel en valorisant l'immatériel, à gérer du faire tout en ayant le souci de l'être, à travailler sur du concret tout en veillant à préserver le mystère, à développer la création de richesses tout en situant cette action vers la cocréation de l'être humain.

Le chef d'entreprise n'est avant tout ni un prêtre, ni un prophète, ni un psychothérapeute, ni un animateur culturel, ni un éducateur porteur de l'humaine condition. Si parfois son rôle comporte des aspects propres à ces fonctions, il est d'abord là pour assurer la pérennité de l'entreprise à travers des contraintes techniques et économiques. Il ne peut pas oublier qu'il a face à lui des êtres humains et qu'il est lui-même aussi un être humain. Cette intégration fera de lui non pas un donneur ou un accueilleur de sens, mais ce que je préfère appeler un « porteur de sens », quelqu'un animé d'une flamme résultant à la fois de ce qui jaillit mystérieusement du plus profond de son être, et d'une expérience de communion avec l'autre.

La flamme tremblotante de la plus petite des bougies fait reculer les ténèbres les plus épaisses.

Peut-on vivre l'essentiel au cœur de l'important ?

Ce livre veut témoigner de ce que nous en portons l'espérance.

Partie III :

Les paradoxes d'une histoire

par Bruno Jarrosson

Chapitre 1 :

Quand la peur est dite

« La peur est le premier sentiment sans doute, au moins ex utero : quoi de plus angoissant que de naître ? Et il doit arriver souvent qu'elle soit le dernier : quoi de plus angoissant que de mourir ?

Voilà : nous naissons dans l'angoisse, nous mourons dans l'angoisse. Entre les deux, la peur ne nous quitte guère. Quoi de plus angoissant que de vivre ? C'est que la mort est toujours possible, que la souffrance est toujours possible, et c'est ce qu'on appelle un vivant : un peu de chair offerte à la morsure du réel. Un peu de chair ou d'âme exposées là, en attente d'on ne sait quoi. Sans défenses. Sans secours. Sans recours. Qu'est-ce que l'angoisse, sinon ce sentiment en nous, à tort ou à raison, de la possibilité immédiate du pire ? »

André Comte-Sponville, *Bonjour l'angoisse !*, paru dans *Confrontations psychiatriques,* février 1995.

■ La peur comme déterminant des comportements

L'entreprise suscite des peurs. Elle est un lieu où je me révèle ou pas. Je me révèle à moi-même et aux autres. Je me confronte sans appel au réel. Je dois me faire confiance alors que je connais ma faiblesse, mon insuffisance, mes erreurs. Jeté sur la scène de l'entreprise, je n'ai, pour jouer ma partie, que moi. Mais ce n'est pas mon moi intime, celui avec lequel j'entretiens un dialogue secret que l'on jugera. On ne regardera que des résultats objectivés par une organisation. À la mesure de ces résultats, l'indulgence n'a pas de sens. Dans l'entreprise, on me reconnaîtra ou pas de la valeur, selon des critères qui ne sont pas les miens et qui s'appliqueront sans distinguer les intentions des résultats. Or l'intention ne produit jamais exactement le résultat. Je ne le sais que trop. Comment ne pas avoir peur de ce jugement qui tombera, souverain et impitoyable ?

L'entreprise me met nez à nez avec ce que je déteste : cette sensation de ne pas maîtriser ce qui se passe et d'être pourtant jugé à l'aune de ce qui se passe. L'enfer c'est d'être jugé, le paradis c'est de juger. L'entreprise actualise l'enfer.

Par ailleurs, l'entreprise est le lieu du changement. On parle de façon négative de la résistance au changement. Le changement conjugue la non-maîtrise et le jugement. Je ne maîtrise pas le changement et je serai jugé sur ma capacité à conduire ce changement qui pourtant m'échappe. Comment ne pas résister à une telle situation ?

« *La possibilité immédiate du pire* », écrit André Comte-Sponville. Tel est en effet le recto dont le verso est notre absence de maîtrise sur ce qui peut nous arriver. L'entreprise matérialise cette incertitude, elle en est la caisse de résonance à travers la notion de changement. Il faut changer pour survivre, nous le savons. Mais il faut changer parce que le monde change. Et ceci bien que ce changement du monde autour de moi soit un signe de mort de ce qui est. Changer nous demande donc une posture d'accueil vis-à-vis d'un signe de mort. Une telle attitude a quelque chose de schizophrénique : s'affirmer (changer) tout en prenant le risque de se nier (mourir). Ou s'affirmer en résistant au changement et finalement risquer d'en mourir. Ce qu'il y a de particulièrement déroutant avec la résistance au changement, c'est qu'elle nous fait résister simultanément au changement et à la résistance au changement elle-même, nous plaçant en pleine contradiction.

L'économie capitaliste ne peut survivre que dans un processus de changement permanent. Si les produits et les marchés étaient stables, il se produirait, par effet de la concurrence, une baisse tendancielle des taux de profit, ainsi que l'avait remarqué Marx. L'économie capitaliste perdrait sa raison d'être puisque le capital ne pourrait plus être rémunéré. Pour restaurer les taux de profits, les entreprises innovent, lancent de nouveaux produits, modifient la façon de servir les besoins, etc. L'innovation, moteur du changement, ne doit donc pas être vue comme un processus annexe de l'économie capitaliste mais comme un processus aussi central que l'épargne et l'investissement puisque c'est elle qui permet à l'épargne et à l'investissement de conserver leur finalité. Le changement et l'incertitude nous ont évité de sombrer dans les contradictions soulignées par Marx.

Changement et incertitude comme règles : d'où la peur.

Il n'est pas normal de ne pas avoir peur. La peur n'est pas un incident, un état particulier et temporaire qu'il convient de traiter comme tel. C'est un état quasi permanent des personnes dans l'entreprise.

Par ailleurs, la peur influence les comportements. Elle n'en est certes pas le seul déterminant, mais à partir du moment où quelqu'un a peur, sa peur influencera ses réactions. On risque donc de faire fausse route si l'on cherche à comprendre le fonctionnement d'une entreprise sans prendre en compte la peur.

Or cette peur est souvent tue, car de changement tout le monde se plaît à parler, et de la peur, on ne préfère pas. Avant d'entrer de plain-pied dans la vision de l'entreprise en acceptant l'idée de la peur, nous allons d'abord nous pencher sur cet assourdissant silence qui émane de la peur.

Le silence de la peur

« *C'est à cause de la crainte de la peur que le monde vit dans la trouille.* »

Francis Blanche

La peur ne se dit pas. Des sentiments qui agitent la conscience de l'homme d'aujourd'hui, certains sont étalés avec complaisance, d'autres enfouis avec soin. La peur est de la deuxième sorte.

La peur est aveu de faiblesse. Quand le mode de fonctionnement d'une société est d'écraser le faible et d'aduler le fort, de prêter au riche et de réclamer au pauvre, de vouer le modeste au malheur et de flagorner le puissant, la peur doit être tue et soigneusement cachée. La peur montrée est l'antichambre de la chute.

Ce silence ne vaut pas absence. Les raisons de cacher la peur sont autant de raisons d'avoir peur. Si le faible doit être écrasé, chacun ressent sa propre faiblesse comme une menace d'écrasement. Cet ineffable silence qu'émet la peur pose un court-circuit entre la faiblesse et le malheur. Et qui ne se sent faible, au moins potentiellement, dans une société qui exige toujours plus de compétence, de perspicacité et de savoir-faire aussi nouveaux qu'incongrus ? Qui ne fait quotidiennement l'expérience de son incompétence, devant les appareils en panne ou qu'on ne sait utiliser, devant les indications mystérieuses des panneaux routiers, devant des discours dont les mots mêmes sont incompréhensibles, devant les spécialistes de tous ordres qui parlent d'autorité et imposent le silence par quelques termes techniques ? Le brassage humain, la complexité des organisations, le monde technique nous donnent à chaque instant la mesure de nos limites. Comment éviter la peur quand la sanction économique de l'erreur, pour l'entreprise et l'individu, peut être rapide et violente ?

Faiblesse obsédante de mon être, peur lancinante de ne pas y arriver.

Devant cette peur béante et muette, un discours à l'usage des hommes d'entreprise. Ce discours se fonde sur une idée centrale : l'autoproduction de soi. À travers des techniques comme la gestion du stress, la gestion du temps, l'analyse transactionnelle, la programmation neurolinguistique qui visent à rendre plus efficace la relation du sujet à son environnement et à l'autre, plus efficace par rapport à un but opérationnel, chacun est invité à s'autoproduire en tant que sujet maîtrisant son environnement. De faiblesse il n'est plus question. C'est un être fort de sa propre maîtrise qui est jeté en modèle plus qu'en pâture. Soit.

Mais l'homme est-il apte à s'autoproduire à ce point-là ? Les stages empêchent-ils réellement les gens mal organisés d'être en retard, les stressés d'être stressés, les maladroits d'être maladroits, les incompétents d'être incompétents, les insuffisants d'être suffisants ? Comme les marges de changement de chacun sont limitées, ainsi que le montre l'expérience quotidienne, la distance qu'introduit le discours sur l'autoproduction de soi entre ce que je devrais être et ce que je suis est plutôt de nature à augmenter la peur.

Qui peut encore moins être dite.

Pourtant, on l'a dit, la peur commande beaucoup de comportements dans l'entreprise. Si elle est tue, si elle est masquée par ce discours un peu complaisant et entier sur l'autoproduction de soi, les comportements ne sont pas compris pour ce qu'ils sont et le discours acquiert une sorte d'autonomie qui le met à l'abri de la réalité. Le discours du management est non réfutable. Il apporte d'autant plus facilement des réponses à toutes les objections qu'il n'offre pas des remèdes à toutes les situations.

Peur égale faiblesse. Faiblesse égale danger. Il ne faut pas en parler. On apprend à l'enfant à cacher sa peur. La négation de la peur est culturelle. Mais parler ainsi est une façon d'arrêter l'analyse.

On a aussi peur de la peur. Pour une raison plus intime qui tient au dialogue que chacun entretient avec soi-même. Il ne s'agit pas seulement de cacher sa peur à l'autre, ce qui après tout n'est pas difficile tant chacun est indifférent à chacun, mais surtout de la cacher à soi-même. Ce n'est pas seulement précaution pour que l'autre ne profite pas de ma faiblesse révélée et comme étalée, c'est aussi pour que ma peur ne me paralyse pas. Nous savons que si la peur domine, nous deviendrons incapables de réussir ce dont nous sommes normalement capables. Le poids de l'enjeu paralyse. C'est Platini qui, en 1986, contre le Brésil, rate le penalty le plus important de sa vie de footballeur. Nous savons cela. C'est encore plus une frayeur redoublée de constater en nous cette force de la peur plus forte que celle de notre volonté. C'est de se sentir comme habité par un fantôme mauvais qui manipule des doubles commandes pour nous nuire. C'est le rapport à notre identité qui est touché. Qui commande en moi ? Qui est ce moi à facettes multiples ? Quel est cet être traversé par des forces étranges et incontrôlées ?

Selon les spécialistes du RAID, le groupe d'intervention de la police nationale, seulement 10 % des gens ont une réponse parfaitement adaptée face aux situations de stress intense. Les autres ont des réponses moins adaptées qu'en l'absence de stress (ou pour certains une inhibition totale). Par ailleurs, une personne qui a bien réagi plusieurs fois peut être victime d'une peur invalidante un jour. Nul n'est à l'abri du stress paralysant. Les parachutistes savent que la peur inhibante peut survenir au cinquantième saut.

La peur, sa vie, son œuvre

Le groupe aggrave ou diminue la peur. La panique est contagieuse, la confiance aussi. Bertrand Martin s'est souvent demandé pourquoi, lors de l'assemblée générale du 29 juin 1984, il n'y a pas eu de sifflets. Il savait qu'un seul sifflet pouvait faire basculer cette assemblée cruciale. Quand il pose la question, on lui répond qu'un sifflet était hors de propos. *« Nous nous serions sifflés nous-mêmes. »* Soit, mais une autre explication vient ensuite : *« Vous aviez l'air si tranquille qu'on a pensé que vous saviez où vous alliez. Donc on avait de l'espoir. »* Quand Bertrand Martin arrive chez Sulzer, en janvier 1984, le personnel meurt de trouille. Depuis des mois la direction et les *missi dominici* du groupe Sulzer multiplient les discours terrorisants : *« Il va falloir en mettre un coup sinon ça va mal aller. La situation est critique, il y aura des licenciements. »* Un peu le coup de Robespierre qui annonce à la Convention le 8 thermidor que de nouvelles têtes vont tomber sans préciser lesquelles et qui s'étonne, le lendemain, d'être victime d'une coalition des peurs. La réaction thermidorienne, c'est la réaction du marais qui n'a jamais bougé et qui pour la première fois est mû par la peur.

Donc l'entreprise a peur. Elle suppose que le nouveau patron, fidèle à la tradition patronale dans ces circonstances, va lui aussi prononcer des discours terrorisants sur fond de culpabilisation. « *Ça va mal aller et en plus si vous en êtes là, c'est que vous devez être vraiment mauvais.* » Deux logiques derrière ce type de discours : c'est en disant aux gens qu'ils sont mauvais qu'on les rend meilleurs (en réalité, on l'aura compris, c'est l'inverse) et on ne change pas une méthode qui a si bien échoué.

Bertrand Martin prend les peurs à contre-pied. Il ne dit rien, il écoute. Il part du principe que chacun peut apporter quelque chose au redressement de l'entreprise puisque chaque membre du personnel est invité à participer aux groupes d'étude et de proposition.

Surtout Bertrand Martin est tranquille, il n'a pas peur. Car il possède une botte secrète. Avant de venir, il a lu le rapport d'audit. Comme il connaît bien le métier, sa lecture l'a convaincu qu'il ne devait pas être très difficile de réduire fortement les pertes - il y avait beaucoup à gagner - et donc qu'il était peut-être possible de maintenir une activité moteur chez Sulzer. Les produits sont bons, l'actionnaire veut sauver l'entreprise et en a les moyens. Ce qu'ignorait encore Bertrand Martin, c'est le niveau auquel cette activité pourrait être maintenue.

Mais cela qui assoit sa tranquillité, Bertrand Martin ne veut pas le dire. Il n'entend pas s'exprimer sur ce qu'a fait l'ancienne direction. Il sait que le personnel doit découvrir par lui-même les voies et moyens du redressement. Donc tranquillité et silence. La force tranquille n'est pas toujours un mythe. *« Le bruit ne fait pas beaucoup de bien,* disait saint François de Salle, *et le bien ne fait pas beaucoup de bruit. »*

Le personnel avait confiance alors que l'entreprise n'avait pas de stratégie, pas de marché et accumulait des pertes catastrophiques. Le personnel terrorisé est sorti de sa peur. C'était le trou et soudain il se passe quelque chose. *« On s'est remis à parler et à vivre. »* La parole de vie succède au silence de mort. La libération de la parole est le phénomène fondamental qui a permis de traverser le miroir de la peur.

Puis-je m'arrêter sur moi-même et me dire : *« J'ai peur »* ? Dire la peur, c'est déjà la faire entrer dans un jeu qui la tient à distance. La parole est magique. Au moment où je parle, j'existe. J'existe tout en me décollant du réel dont je parle. En disant la peur ou plus simplement en disant ce qu'est le réel pour moi, je dédouble ce réel, le réel matériel, contraignant, angoissant et le réel dit. En dédoublant le réel, je le rends moins menaçant, je me mets un peu à l'abri de sa morsure.

Dire sa peur est angoissant. On veut, en la disant, se libérer de cette peur. Mais quand on la dit, on admet qu'elle existe, on lui donne droit de cité. Dire la peur est à la foi angoissant et libérateur. Libérateur si cette peur est dite à quelqu'un qui n'a pas peur, qui écoute, tranquille, qui ne communique pas de peur. Écoute, reconnaissance, accueil de la parole de l'autre plutôt que reproche, recherche de la faute. *« Quoi que tu dises, quoi que tu sois, je le prends pour tel, je te reconnais comme être humain ayant droit à la parole. »* Mais, libérer la parole ne se fait pas par décret. Il y a des gens de la hiérarchie à qui l'on parle et d'autres à qui on ne parle pas. Ce qui pourrait constituer un critère d'évaluation du professionnalisme de la hiérarchie.

Cette libération de la parole pose le problème des règlements de compte par l'intermédiaire de la hiérarchie. *« J'accepte ce que vous me dites si vous me le dites pour le bien de l'entreprise. »* Faute de cette précaution, la liberté de parole risque d'être utilisée pour des règlements de comptes . Les règlements de comptes seront encore plus nombreux si le chef fait fonctionner la guillotine. Non seulement le chef écoute ce qu'il ne devrait pas écouter, mais en plus il exécute. Dès lors, il ne manquera jamais de victimes, la guillotine fonctionnera sans fin. On lui apportera sans cesse une nouvelle victime à exécuter. Ainsi que l'a montré le philosophe René

Girard, le phénomène du bouc émissaire est un processus de sublimation collective de la violence et de la peur qui l'accompagne. Le groupe refait son unité, domine sa violence et ses peurs, en mettant tous ses péchés sur le dos d'un bouc émissaire que le chef exécute publiquement. La peur diminue alors, on a l'impression d'avoir résolu les problèmes en exécutant le bouc émissaire. Malheureusement ce n'est pas vrai, les problèmes réapparaissent. Il faut une nouvelle victime que l'on apporte au chef. L'entreprise détruit ses propres forces tout en vivant d'illusions. Ceci d'autant plus que celui que l'on offre en holocauste peut être le meilleur, celui qui dérange parce qu'il résiste. Chaque exécution qui devrait être la dernière est le prélude à la suivante.

Quand je dis qu'Untel est un « con », j'exprime en fait que j'ai noué avec Untel une relation de cons. Mais pour nouer une relation de cons, il faut être deux cons. Le seul côté rassurant des révolutions qui exécutent beaucoup, c'est que les bourreaux sont exécutés à la fin. Qui gouverne par l'épée périra par l'épée.

Un autre aspect sur la peur est celle que suscite Bertrand Martin quand il raconte son histoire, ses méthodes, ses croyances. *« J'y ai réfléchi une partie de la nuit,* dit un jour un patron aussi mécaniste que traditionnel. *Il y avait quelque chose de pas normal dans cette histoire que je voulais comprendre. J'ai fini par trouver, c'est l'histoire d'un type qui a du pot. Bertrand Martin ne devrait pas être patron, il devrait jouer au loto. »* L'explication par la chance a permis de déconnecter les résultats des méthodes utilisées. Donc ce que dit Bertrand Martin n'a pas besoin d'être entendu. La peur qu'éprouvait ce patron par rapport à un discours qui déstabilisait ses croyances les plus solides était ainsi évacuée. L'histoire de Bertrand Martin peut faire peur à tous ceux à qui elle montre qu'ils se sont fourvoyés. Plus elle le montre, plus ils se sont fourvoyés, plus les résultats ont été mauvais et plus ils ont peur. Si ce que j'ai fait pendant longtemps est remis en question, c'est mon être qui se trouve sur le banc des accusés. Se mettent alors en place des mécanismes de défense. *« Oui mais chez moi ce n'est pas pareil. » « Oui mais il a eu de la chance. » « Oui mais c'était une autre époque. » « Oui mais... »* Oui mais, on aura compris que l'important n'est pas le « oui », c'est le « mais ».

Gérer les peurs ?

« La vie est ainsi faite qu'on ne peut échapper à tel de ces maux (par exemple la vieillesse) qu'en tombant dans tel autre (par exemple une mort prématurée). C'est d'ailleurs pourquoi la vie est plus facile, malgré tout, que l'image qu'on s'en est faite : parce que les angoisses s'additionnent, presque toujours (nous craignons à la fois la vieillesse et la mort prématurée !), alors que les maux, parfois et nécessairement, se soustraient. On craint mille morts, et l'on n'en vit jamais qu'une... Toute angoisse est imaginaire ; le réel est son antidote. »

André Comte-Sponville : *Bonjour l'angoisse !*, Confrontations psychiatriques, février 1995

Gérer les peurs ? Gérer les peurs, c'est déjà ne pas prétendre les supprimer. C'est reconnaître à la peur sa juste part. C'est entrer dans un discours réaliste qui dit la réalité sans prétendre la changer par la seule force du verbe comme le font les discours incantatoires qui sévissent dans certaines entreprises. Entre la peur et l'homme, on commence par une reconnaissance mutuelle.

La première recette pour gérer la peur, comme le remarque André Comte-Sponville, c'est la réalité. La peur porte sur l'imaginaire, seule la réalité a le pouvoir de montrer que l'imaginaire n'est pas la réalité. Par un langage d'authenticité - même s'il s'agit comme dans le cas de Sulzer de dire que l'on est au bord du gouffre et que l'on risque de disparaître - par un langage d'authenticité donc, on coupe les ailes aux imaginations les plus folles, aux peurs débridées qui se nourrissent d'irrationnel voire d'invraisemblance. On libère en disant la vérité, même si elle est dure. Car l'incertitude entraîne davantage de peur que la situation difficile en elle-même. Il faut donc, dans la mesure du possible, dire la vérité à celui qui souffre les affres de l'incertitude, qui a peur parce qu'il ne sait pas. *« Toute angoisse est imaginaire ; le réel est son antidote. »* La peur est un processus imaginaire, le réel n'est pas un processus, il se contente d'être. Il ne nous arrive dans la vie que 10 % de ce dont nous avons peur.

Le deuxième moyen de gérer les peurs est de responsabiliser. On a d'autant plus peur que l'on est plus dépendant de l'autre ou de la situation. La volonté, en effet, ne porte que sur ce qui dépend de moi. Tout ce qui ne dépend pas de moi ne ressortit pas à la volonté mais à la lucidité. Le chef d'entreprise doit être lucide sur l'évolution possible du cours du dollar et volontaire sur la conquête de marchés aux États-Unis. L'union de la volonté et de la lucidité, de la prise de conscience du danger ou de la difficulté et de la détermination à affronter la situation avec ses propres armes s'appelle le courage. Le courage qui permet d'affronter la peur.

La lucidité seule, sans possibilité d'exercer sa volonté, peut certes être courageuse. Mais d'un courage qui consiste à regarder la peur en face, à ne pas se raconter d'histoire, sans rien construire. Plus une personne est dépendante, plus elle est renvoyée du côté de la lucidité sans volonté qui joue avec la peur sans en rien faire. Le condamné qui va être exécuté peut se montrer courageux. Mais cela ne changera rien à son sort.

Pour gérer les peurs, il faut donc laisser les autres prendre des responsabilités. Les conduire de la dépendance à l'interdépendance. Ce n'est pas le plus simple. *« Il m'est souvent arriver de dire : « je te donne la responsabilité » sans la donner vraiment »*, avouait Marc Lefèvre à la convention des clubs progrès du management de 1994.

La peur est un sentiment violent qui fait plutôt passer de la dépendance à l'opposition. J'ai peur, j'attaque sans réfléchir. Or l'opposition ne construit pas avec les autres. Responsabilité par l'interdépendance. Certes tu dépends de moi et cela peut te faire peur. Mais moi aussi je dépends de toi. N + 1 a toujours besoin de N pour atteindre ses objectifs. Il peut se permettre de le rappeler pour mettre tout le monde à peurs égales. On passe ainsi du blocage de la peur à la peur du blocage.

L'action libère de la peur parce qu'elle oriente la lucidité vers son meilleur débouché. Les trente-deux groupes d'étude et de proposition lancés par Sulzer au début de 1984, quand la situation était angoissante, ont fonctionné avec acharnement. On travaillait d'autant plus fortement sur ces projets qu'on avait peur. Et on ne travaillait pas seulement parce qu'il fallait s'en sortir mais aussi parce qu'on vivait autre chose que la peur pendant qu'on travaillait.

La peur existe dans l'entreprise mais elle n'est pas un outil de management. Elle n'est qu'un outil de destruction de l'action qui fait grandir l'homme. Il faut de la lucidité et du courage et pour cela il faut de la peur. Celui qui n'est pas lucide sur les dangers et les difficultés n'est pas courageux. Mais la peur n'est pas une technique de management si elle sert à contraindre plutôt qu'à libérer. *« Je te donne la responsabilité grâce à quoi tu vas pouvoir t'arranger avec ta peur. »* Cela tranche sur le discours : *« Je te fais peur pour que tu fasses exactement ce que je veux. »* Dans le premier cas l'homme grandit en apprenant à vivre avec sa peur, dans l'autre il s'étiole en apprenant qu'il est soumis par la peur.

Pour beaucoup de managers encore aujourd'hui, il ne s'agit pas de permettre aux autres de grandir avec leurs peurs mais seulement d'augmenter les peurs. *« Ils ont peur, eh bien je vais en ajouter une couche. »* Certains dirigeants adoptent un comportement sciemment anxiogène, alternant les colères et les silences marmoréens, en un art subtil du management par la terreur. Et en effet ça marche dans une certaine mesure puisque la peur donne des ailes. Érigé en système, ce management par la terreur est néanmoins destructeur. Vu dans une usine : le personnel enterrait les pièces ratées pour n'être pas puni. Comme l'enfant qui cache son bulletin de notes. Certains « hommes à poigne », ceux qui rassurent les actionnaires quand ça va mal, ont fait leur carrière ainsi, en défaisant les entreprises. Les conséquences à long terme sont payées par les salariés qui restent (dans le meilleur des cas) tandis que le dirigeant vole vers d'autres entreprises à détruire. Si les choses tournent vraiment trop mal, il bénéficiera de toute façon d'un confortable parachute. Pour l'entreprise, on parlera de conjoncture difficile, de malchance. Au mieux elle tombera entre les mains d'un raider : « *Cette année j'enlève le haut de bilan... et l'année prochaine j'enlève le bas.* » Le management par la peur a sa part de responsabilité dans certaines bérézinas auxquelles nous avons assisté. Que celui qui n'a jamais connu un de ces *« Attila du management »* après lequel les bénéfices ne repoussent pas jette la première pierre.

Chapitre 2 :

La confiance jusqu'au bout

> « *Il y a deux sortes de chefs d'orchestre, ceux qui ont la partition dans la tête et ceux qui ont la tête dans la partition.* »
>
> Toscanini

L'audit tronqué

Un chef de département a décidé de faire travailler ensemble les cadres de son département. Progrès, service, projet commun, vision partagée, etc. L'arsenal habituel. Avant la réunion, il charge deux de ses cadres de faire un audit auprès du reste de l'entreprise sur la perception que l'on a du département.

Or, l'audit en question, globalement positif, contient néanmoins deux attaques mettant en question nommément des personnes. Le chef de département demande aux deux cadres en question de gommer ce point de leur compte rendu, de façon à ne faire perdre la face à personne. Le souci de n'humilier personne paraît bien légitime.

Soit. Arrive la réunion. Les deux cadres font leur compte rendu. Le bilan est satisfaisant. Pour les deux personnes qui en savent davantage que les autres, la discussion prend un tour artificiel qui ne va pas sans les mettre mal à l'aise. Finalement, l'une des deux explose : « *Cette discussion est insupportable, on ne vous a pas tout dit.* » Le groupe se retourne contre son directeur dont le souci de ne blesser personne est à l'origine de cette situation. La perte de confiance est avérée, il est trop tard pour plaider la bonne intention. Le séminaire tourne court. Il eut mieux valu ne rien faire.

L'expérience ne dit pas quelle quantité de neige on peut faire fondre avec un grain de sel mais montre qu'avec un peu de mensonge, on dissout pas mal de vérité.

Faut-il dire la vérité jusqu'au bout ? Donner la confiance jusqu'au bout ? Au secours, les utopistes débarquent.

L'absolu et le relatif

On ne peut pas aller jusqu'au bout. On ne peut pas tout dire. On dit tout sauf... On fait confiance pour tout sauf...

Mais si je fais confiance pour tout sauf... , ce « sauf » contient toute la méfiance. Si je dis toute la vérité sauf... , ce « sauf » contient toute l'incrédulité. C'est dans ce manque, dans ce « sauf », que se situe le retour de bâton possible. Il y a dans la relation la recherche d'un absolu qui annule le relatif, qui se concentre sur le « sauf ».

Si l'on partait de ce constat pour prôner la transparence totale, la vérité totale, la confiance totale, on pataugerait effectivement en pleine utopie puisqu'on ne peut jamais être complètement transparent, complètement authentique. Il existe une disproportion qui vaut contradiction entre ce que la relation exige et ce qu'elle permet. Comme si notre attitude ne pouvait qu'osciller entre la naïveté et la méfiance, l'angélisme et le cynisme, aussi dangereux les uns que les autres.

L'authenticité, la sincérité sont des valeurs. Or, les valeurs, de leur point de vue moral, ne se partagent pas. « *La Révolution est un bloc* », disait Clemenceau avec ce sens particulier de la nuance qui le caractérisait. La franchise aussi. À l'aune de la morale, les valeurs sont à prendre telles quelles. Il n'y a pas de demi-franchise.

Du point de vue de la vie, bien entendu, il n'en va pas de même. Les valeurs sont des points limite, des idées pures qui nous indiquent le cap. *« Toute vertu est un sommet, entre deux vices, une ligne de crête entre deux abîmes : ainsi le courage, entre lâcheté et témérité, la dignité, entre complaisance et égoïsme, ou la douceur, entre colère et apathie... Mais qui peut vivre toujours au sommet ? Penser les vertus, c'est mesurer la distance qui nous en sépare. Penser leur excellence, c'est penser nos insuffisances ou notre misère. »* Voilà ce qu'écrit André Comte-Sponville dans l'avant-propos de son *Petit traité des grandes vertus*, PUF, 1995.

Alors...

Revenons encore un instant sur la sincérité pour distinguer sincérité et vérité. De vérité nous sommes au fond très peu capables. De sincérité bien davantage. Il faut distinguer l'erreur du mensonge. Certes je ne dis jamais tout, mais je peux bien dire tout ce que je crois. Aller jusqu'au bout ? Tout dire ? Il ne faut pas se méprendre là-dessus. Il ne s'agit pas d'aller au bout de la vérité mais au bout de soi-même. Il ne s'agit pas de tout dire mais de croire tout ce que l'on dit. Comme l'affirme Montaigne dans ses *Essais* : *« Il ne faut pas toujours dire tout, car ce serait sottise ; mais ce qu'on dit, il faut qu'il soit tel qu'on le pense, autrement c'est méchanceté. »*

Nous ne sommes plus ici sur un terrain purement philosophique de recherche de vérité mais sur un terrain moral de relation. Personne n'a jamais trouvé l'erreur immorale. Seul le mensonge l'est. Personne ne se sentira blessé parce qu'un ami s'est trompé. Chacun le sera si un ami l'a trompé.

Conseil de Bertrand Martin à propos de l'audit mettant en question des personnes : quand on peut tout dire, il faut tout dire. Pour le reste, il faut préciser que l'on a ôté des remarques personnelles qui ont été transmises aux intéressés.

Lâcher la selle

Gabriel, quatre ans et demi, veut apprendre à faire du vélo qu'il a eu pour Noël. Une grande allée goudronnée d'environ deux cents mètres. Son père le met en selle, comme font tous les pères, tient le vélo par la selle, et court. Quelques allers-retours. L'enfant ne se débrouille pas trop mal. Père et fils discutent de quelques points techniques. Équilibre, comment tenir le guidon, contrôler la direction pour ne pas filer sur le trottoir.

Moment crucial. Si je ne lâche pas la selle, il n'y arrivera jamais. Si je la lâche, ne va-t-il pas tomber, se faire mal, se décourager ? Il y a quelque chose d'illogique dans la confiance.

Premier essai. Avant le départ, père et fils conviennent que le père lâchera la selle pendant trois mètres, tout en gardant la main sous la selle. Après, il reprendra la selle. C'est ce qui est fait. Tout se passe normalement au niveau de l'équilibre. Par contre, le contrôle de la direction n'est pas suffisant. On en reparle pour l'améliorer.

Bon, maintenant il faudrait vraiment y aller. Le père a une idée. Le mieux, se dit-il, ce serait que je le lâche plus longtemps sans qu'il le sache, en gardant la main sous la selle. Comme ça, s'il tombe, je le rattrape, s'il ne tombe pas, je lui annonce qu'il sait faire du vélo. Gagnant sur tous les tableaux. Logique.

C'est une bonne idée, se dit-il, sauf... Sauf qu'il y a un « sauf ». Je dis tout à Gabriel sauf que je le lâche. Et dans ce « sauf », il y a une catastrophe potentielle. S'il croit que je le tiens, alors qu'en fait je ne le tiens pas et qu'il tombe parce que je n'ai pas pu le rattraper, on aura du mal à faire équipe, ensuite. Exit, donc, l'idée du double jeu.

Finalement, après un dernier réglage technique, Gabriel est d'accord pour que son père le lâche vraiment. On part. Il tient cent mètres. Son père court à côté de lui, sans laisser la main sous la selle. Au bout de cent mètres, Gabriel faiblit. Il reste cent mètres pour arriver au bout de l'allée. Son père lui dit : *« Si tu vas au bout, tu as un* Kinder Surprise *»*. Le *Kinder Surprise* (œuf en chocolat contenant un petit objet en pièces détachées) pour un enfant de quatre ans et demi, c'est l'équivalent des six numéros gagnants du loto pour un smicard. Gabriel appuie sur les pédales et termine ses deux cents mètres, à la surprise de son père.

La confiance qui construit

La confiance que l'on donne à l'autre l'aide à réussir. Tout le monde sait cela. D'où la recette de management bien connue : dire à l'autre qu'il va réussir pour le faire réussir. « *Tu vas y arriver.* » Phrase dangereuse : et s'il n'y arrive pas ? Si l'on dit à l'enfant : *« Tu peux y aller, je sais que tu ne vas pas tomber »*, et qu'il tombe ? C'est aussi dangereux que d'affirmer : *« Je dis la vérité »* quand ce n'est pas la vérité.

Or, qui peut être assuré de dire la vérité ? Qui peut être assuré que l'autre va réussir ?

En entrant lors de l'assemblée d'entreprise du 29 juin 1984, Bertrand Martin craignait l'incident. 1 200 personnes, une foule. Un sifflet pouvait tout faire basculer. Tout peut arriver. Et Bertrand Martin n'avait aucune expérience des foules. Il avait clairement conscience d'aller au-delà de son savoir-faire, de se placer délibérément dans une zone de risque fort. Il allait au-delà de ses limites. *« Suis-je téméraire ? »*, s'est-il demandé à cet instant. Mais il sentait par ailleurs que son pari de relever l'entreprise par la confiance nécessitait cette prise de risque. S'il avait confiance dans l'entreprise sauf en assemblée générale, le « sauf » destructeur était à l'œuvre.

« Je vous écoute. » Après on verra bien.

Quand on fait confiance, on risque l'échec et la trahison. Il arrive que quelqu'un sûr de réussir, échoue. On risque à faire confiance à celui qui croit qu'il va réussir. On peut se tromper. Mais ce risque est généralement moins destructeur que la défiance. Quant à la trahison, on peut considérer qu'elle est rarissime lorsque l'on fait confiance jusqu'au bout à la personne.

La confiance se trouve dans la certitude que la personne va tout faire pour réussir, pas dans le fait qu'elle va réussir. Confiance dans l'être, pas dans le faire.

Mégawatts ! est le journal interne de New Sulzer Diesel. Lucien Féola, dans l'éditorial du numéro 23, octobre 1994 :

> « J'ai assisté comme un certain nombre d'entre nous à la « bataille commerciale » du 27 septembre dernier. J'en suis sorti avec un sentiment de frustration qui est probablement lié à l'incertitude qui plane sur notre avenir, et surtout au sentiment « d'épais brouillard » qui persiste dans les explications qui nous ont été données.
>
> Je comprends parfaitement qu'en matière commerciale, rien ne soit jamais acquis avec certitude ; néanmoins je suis persuadé que la chute de notre activité en début d'année était prévisible depuis septembre / octobre 93 à cause de la « surchauffe » de l'économie dans les provinces du sud de la Chine.
>
> (...)
>
> Mais aujourd'hui, pourquoi ne pas tenir un langage clair, des propos qui

ne seront pas forcément rassurants mais qui auront le mérite de faire prendre conscience à tout le personnel du danger auquel nous sommes exposés, en bref parler vrai - s'indigner - vivre dans une maison de verre, etc. ? »

Mégawatts ! est produit par une équipe de salariés dont fait partie le signataire de cet éditorial doucement ravageur. Bertrand Martin ne lit pas les textes avant publication bien qu'il soit directeur de la publication, c'est-à-dire bien qu'il assume la responsabilité civile des textes.

Il n'échappera à personne que le texte cité n'est pas d'une tendresse excessive à l'égard de la direction. Mais ne vaut-il pas mieux que cela soit écrit, en première page, plutôt que de ramper sournoisement sur les moquettes, en s'amplifiant dans l'irresponsabilité de ceux qui colportent les critiques ?

Bertrand Martin interrogé : *« Ne craignez-vous pas que s'écrivent des choses qui nuisent à l'entreprise ? - Cela pourrait se produire mais je ne le crains pas. Personne ne cherche à nuire à l'entreprise. Dans un tel cas, j'aurais moi aussi ma liberté de parole pour dire ce que je pense. »*

Faire confiance jusqu'au bout, ce n'est pas être sûr que l'autre va réussir, ce n'est pas lui dire qu'on est sûr qu'il va réussir. Dire à l'autre : *« Je suis sûr que tu vas réussir »* est un discours aussi totalitaire que lui dire : *« Je te dis la vérité »*. Discours irréfutable où l'autre n'a aucune place. C'est un discours qui rend fou. Ce que je dis, je le crois, la confiance que je te donne, je te la donne vraiment, que tu réussisses ou pas. En disant à Gabriel : *« Si tu vas au bout, tu as une récompense »,* on ne lui dit surtout pas qu'on est sûr qu'il va aller au bout. Mais simplement qu'on croit qu'il peut y aller. Lâcher vraiment la selle, sans être sûr.

Sur la bonne foi, Kant contre Machiavel

Nous avons développé ici une vision relativement moraliste des relations entre les hommes sans d'ailleurs préciser si elle se voulait efficace ou morale. Plutôt que d'étudier ce point philosophique, nous allons le confronter à son opposé : le cynisme de Machiavel. Cynisme qui lui ne se veut nullement immoral mais plutôt amoral. Il n'a en vue que le lien entre les moyens et les résultats, il ne connaît que l'efficacité. Or, la vision de l'efficacité de Machiavel est à l'opposé de la nôtre. Et sa vision mérite considération par sa qualité. Pour bien situer de quoi l'on parle, nous allons partir d'un long passage du *Prince* (chapitre XVIII).

> « Chacun entend assez qu'il est fort louable à un prince de tenir sa parole et de vivre en intégrité sans ruses ni tromperies. Néanmoins on voit par expérience que les princes qui, de notre temps, ont fait de grandes choses, n'ont pas tenu grand compte de leur parole, qu'ils ont su par ruse circonvenir l'esprit des hommes, et qu'à la fin ils ont surpassé ceux qui se sont fondés sur la loyauté.
>
> Il faut donc savoir qu'il y a deux manières de combattre, l'une par les lois, l'autre par la force : la première est propre aux hommes, la seconde aux bêtes ; mais comme la première bien souvent ne suffit pas, il faut recourir à la seconde. Ce pourquoi il est nécessaire au prince de savoir bien pratiquer et la bête et l'homme. (...).
>
> (...) Partant, un seigneur avisé ne peut tenir sa parole quand cela se retournerait contre lui et quand les causes qui l'ont conduit à promettre ont disparu. D'autant que si les hommes étaient tous gens de bien, mon précepte serait nul, mais comme ils sont méchants et qu'ils ne te tiendraient pas parole, *etiam* tu n'as pas à la tenir toi-même. Et jamais un prince n'a manqué d'excuses légitimes pour colorer son manque de parole ; on pourrait en alléguer d'infinis exemples du temps présent, montrant combien de paix, combien de promesses ont été faites en vain et réduites à néant par l'infidélité des princes, et que celui qui a mieux su faire le renard s'en est toujours le mieux trouvé. Mais il faut savoir bien colorer cette nature, être grand simulateur et dissimulateur ; et les hommes sont si simples et obéissent si bien aux nécessités présentes, que celui qui trompe trouvera toujours quelqu'un qui se laissera tromper.
>
> (...)
>
> Il n'est donc pas nécessaire à un prince d'avoir toutes les qualités ci-dessus nommées, mais de paraître les avoir. Et même, j'oserai bien dire que, s'il les a et qu'il les observe toujours, elles lui porteront dommage ; mais faisant beau semblant les avoir, alors elles sont profitables ; comme de sembler être pitoyable, fidèle, humain, intègre, religieux ; et de l'être, mais s'étant bien préparé l'esprit, s'il faut ne l'être point, à pouvoir et savoir faire le contraire. Et il faut noter qu'un prince, surtout quand il est nouveau, ne peut bonnement observer toutes ces conditions par lesquelles on est estimé homme de bien ; car il est souvent contraint, pour maintenir ses États, d'agir contre sa parole, contre

> la charité, contre l'humanité, contre la religion. »
>
> Machiavel, *Le Prince.*

Au cynisme de Machiavel s'opposera le rigorisme de Spinoza (*« L'homme libre n'agit jamais en trompeur, mais toujours de bonne foi »*) et surtout de Kant avec son impératif catégorique. Ces deux penseurs, à l'inverse de Machiavel, affirment que la liberté s'exprime par la loi morale. La loi morale étant définie par la possibilité d'universaliser la maxime d'une action. *« (...) je dois toujours me conduire de telle sorte que je puisse aussi vouloir que ma maxime devienne une loi universelle. »* La première section des *Fondements de la métaphysique des mœurs* répond précisément à Machiavel du point de vue de cette universalisation :

> « Et pourrais-je bien me dire : tout homme peut faire une fausse promesse quand il se trouve dans l'embarras et qu'il n'a pas d'autre moyen d'en sortir ? Je m'aperçois bientôt ainsi que si je peux bien vouloir le mensonge, je ne peux en aucune manière vouloir une loi universelle qui commanderait de mentir ; en effet, selon une telle loi, il n'y aurait plus à proprement parler de promesse, car il serait vain de déclarer ma volonté concernant mes actions futures à d'autres hommes qui ne croiraient point à cette déclaration ou qui, s'ils y ajoutaient foi étourdiment, me payeraient exactement de la même monnaie : de telle sorte que ma maxime, du moment qu'elle serait érigée en loi universelle, se détruirait elle-même nécessairement. »
>
> Kant, *Fondements de la métaphysique des mœurs.*

Autrement dit, la tromperie n'est pas universalisable.

Il peut sembler qu'il s'agisse là d'une querelle de moralistes de haute volée mais hors de notre propos puisque nous n'entendons pas définir une morale pour l'entreprise. Nous nous intéressons dans ces pages à l'utilité, à l'efficacité. Soit.

Cependant, l'argumentation de Machiavel se fonde sur l'utilité personnelle : on ment si on y a intérêt. Et à y regarder de plus près, l'argumentation de Kant est elle aussi empreinte d'utilité même s'il a en vue une utilité universelle plutôt qu'une utilité particulière. Kant dit en substance que la tromperie est un système destructeur du point de vue de la collectivité. La différence entre Kant et Machiavel n'est donc pas essentiellement morale, mais tient plutôt à l'espace sur lequel ils définissent l'utilité : utilité particulière ou utilité générale.

Or, cette tension entre intérêt personnel et intérêt collectif est au cœur de la vie de l'entreprise. L'entreprise est en effet une collectivité solidaire de fait. L'intérêt particulier de chacun dépend de l'intérêt collectif. Mais chacun peut être tenté de rechercher son intérêt particulier au détriment de l'intérêt collectif. À quelle condition une telle collectivité peut-elle prospérer ? Voilà sur quoi il reste à nous prononcer.

La tentation de Machiavel

Nous avons dit que si l'on veut faire confiance, il faut le faire à 100 %, que si on ne le fait qu'à 99 %, le 1 % restant détruira le bénéfice de la confiance. On a affirmé que l'on doit dire sa vérité à 100 %, que seulement 1 % de restriction suffira à la rendre non crédible. Cette affirmation introduit la tentation de Machiavel : paraître faire confiance à 100 % tout en ne faisant pas confiance, paraître sincère en ne l'étant point. Bref, être un bon comédien. Machiavel est formel, les princes qui ont adopté cette attitude s'en sont bien portés, ils ont obtenu la meilleure efficacité. Ils sont arrivés à leurs fins plus efficacement que les autres. Ceci est a rapprocher de l'observation faite par les psychiatres que les situations révolutionnaires favorisent l'accession au pouvoir des paranoïaques (Robespierre, Staline). Se méfiant de tout le monde, ils éliminent leurs adversaires sans trembler. Paranoïaques de tous les pays, méfiez-vous !

Notre conviction, et nous abandonnons ici toute morale, est que, contrairement à ce que prétend Machiavel, les manipulateurs sont flairés comme tels. Talleyrand n'a jamais cherché à se faire passer pour quelqu'un de pur comme le cristal. Ce qui nuit à l'efficacité dans l'entreprise, c'est une différence très grande entre ce que l'on est et ce que l'on prétend être, même si cette différence n'est jamais réductible à rien. On pardonne aux autres ce qu'ils font plus facilement que ce qu'ils sont. On pardonne plus facilement l'erreur que le mensonge. Machiavel écrivait dans un siècle sans médias, dans un système où le manipulateur n'était pas confronté à celui qu'il manipulait, et à propos d'un système politique où la coopération ne jouait pas le rôle essentiel qu'elle joue aujourd'hui dans la vie des entreprises. Le monde dit « occidentalisé » est devenu un vaste système coopératif, c'est sans doute une des raisons pour lesquelles il est plus sûr et plus prospère qu'au temps de Machiavel. La tentation de Machiavel demeure nonobstant. En particulier dans les situations de négociation, puisque la négociation gère une tension entre la coopération et le conflit. Nous pensons cependant qu'elle ne prend pas en compte la mutation logique à laquelle nous invite un monde dont les liens coopératifs se resserrent chaque jour. La télévision a vaincu le communisme.

On se plaint beaucoup de l'affaiblissement de la morale des affaires et on attribue souvent cet affaiblissement à l'anonymat résultant de la mondialisation. Plus le monde est vaste, plus on peut impunément tromper un grand nombre de gens. Hélas, c'est bien ce que l'on observe. Mais à cet anonymat immoral du vaste monde s'oppose l'intimité morale du réseau, de l'entreprise, du groupe. Plus notre monde est menacé par une dangereuse immoralité, plus la solidarité des groupes se fonde sur l'honnêteté de chacun vis-à-vis des autres.

Faire confiance aux autres jusqu'au bout suppose une vision particulière de l'autre. Posons *a priori* que toute personne, même le pire criminel, désire aimer et être aimée. Répondre positivement à la confiance sincère dont on bénéficie est un moyen d'être aimé. De même que l'on agresse ce qui vous menace, on aime ce qui procède d'un acte d'amour. Dans la confiance jusqu'au bout, il y a sans doute le pari que l'amour permet d'établir une relation coopérative. La probabilité que l'autre réponde positivement à cette position de la relation - souhaitant lui aussi aimer et être aimé - est alors assez grande. Le criminel Mesrine, dans son ultime confession, disait : *« Je n'ai jamais voulu tout le mal que j'ai fait mais je n'ai pas été aimé. »* Mesrine n'était pas seulement cette bête dangereuse que l'on a dû abattre par ruse. La relation conflictuelle, la trahison, marquent l'incapacité à toucher la zone d'amour. Cependant cette zone existe toujours.

La confiance appelle la confiance comme la méfiance appelle la méfiance. La confiance libère l'énergie.

On constate souvent cette difficulté à toucher juste dans les entreprises avec des syndicalistes opposants purs et durs. Des casseurs ? Quand on les écoute on entend plutôt un discours moral : *« Je veux que la dignité de l'homme soit respectée. »* Quand elle l'est, ces opposants irréductibles, ces casseurs impénitents, deviennent souvent les éléments les plus efficaces de l'entreprise. *« Je vomirai les tièdes »*, est-il dit dans l'Écriture.

Dans sa relation à l'autre, on choisit de fait la confiance ou la défiance. Ce choix se transmet à l'autre. La confiance crée la confiance, la défiance alimente la défiance. Le chef d'entreprise, sur ce point, choisit pour toute l'entreprise, ainsi que le montre l'expérience de Bertrand Martin qui a retourné en quelques mois la défiance en confiance. Cette nouvelle règle du jeu s'est transmise à tous. C'est dire que la responsabilité du chef d'entreprise est lourde sur ce point.

A-t-on raison de faire confiance ? La confiance est un phénomène relationnel. L'attitude de l'autre se calquera sur la mienne. La clé de la libération de l'énergie de l'autre est la confiance en l'être. La défiance nie l'absolu de l'être et donc la dignité de l'autre.

Soit et alors ? Gagne-t-on plus d'argent avec la confiance qu'avec la défiance ? La confiance n'est-elle pas le fait de managers tendres dans un monde de marges brutes ?

Cette question de confiance ou de défiance ne supplée sans doute pas à une stratégie bien conçue, point sur lequel nous nous pencherons plus loin. Cela étant, dans les comptes de l'entreprise, des milliers de petits ruisseaux dont chaque salarié détient une source font de grandes rivières. La confiance fait renaître ces petites sources de prospérité, diminue les gaspillages, fait revenir les clients, etc. On observe dans chaque cas de retournement de la défiance en confiance un rétablissement des comptes. Alors oui, la confiance est une façon efficace de faire gagner de l'argent à une entreprise. Dans son livre *La société de la confiance : essai sur les origines et la nature du développement humain* (Odile Jacob, 1995), Alain Peyrefitte montre que le développement, qu'il appelle « divergence », est lié à des pratiques fondées sur la confiance. Le premier sentiment, ancestral, que nous éprouvons face à l'autre peu et mal connu est la méfiance. La confiance ne peut advenir qu'à l'issue d'un apprentissage mutuel et consciemment voulu.

Il faut que l'autre sache quand on lâche la selle.

Chapitre 3 :

Faut-il être stratège ?

« Dans une enquête effectuée auprès de consultants, Walter Kiechel du magazine Fortune indique que selon eux 10 % des stratégies sont mises en œuvre avec succès ; Tom Peters indique que ce nombre est « sauvagement exagéré » ! Souvent, quand une stratégie échoue, ceux qui sont au sommet de la hiérarchie blâment la mise en œuvre effectuée aux niveaux inférieurs de l'organisation : « Si seulement vous pouviez, espèces d'idiots, apprécier le caractère brillant de la stratégie que nous avons formulée... » En fait, les idiots situés plus bas dans la hiérarchie pourraient bien répondre : « Si vous êtes si intelligents, pourquoi n'avez-vous pas tenu compte du fait que nous sommes des idiots ? » En d'autres termes, tout échec dans la mise en œuvre est par définition un échec dans la formulation. S'il doit y avoir une séparation entre les deux, de telle sorte que l'un pense avant que l'autre agisse, alors il est clair que la capacité à agir doit être prise en compte dans le processus de pensée. »

Henry Mintzberg : *La planification stratégique*, Dunod, 1994.

Une histoire de film

Un cadre de New Sulzer Diesel dans un pays lointain cherche à régler un problème lié à la livraison de matériel chez un client. Ses appels au secours auprès de la maison mère restent sans effet. À Mantes, on semble attendre qu'il se calme. *« On a d'autres chats à fouetter. On ne peut pas sauter sur tous les problèmes. Il faut savoir résister au client. »* Ce qui est du simple bon sens.

L'ingénieur finit par prendre un avion et arrive à Mantes. Là, il tombe sur les reporters, les fameux reporters qui se sont chargés d'informer l'entreprise. Les reporters le filment tandis qu'il écume et rapporte les paroles très dures qu'a eu le client à l'égard de New Sulzer Diesel.

La cassette est diffusée dans toute l'entreprise, produisant instantanément un électrochoc. Partout dans les ateliers, le personnel dit : *« Si c'est ce que les clients pensent de nous, nous sommes foutus. »* Inutile de préciser que dès lors les problèmes du client concerné ont été vite réglés.

Cette histoire n'a pas pour but d'illustrer une fois de plus la puissance médiatique de l'image, ce qui ne serait pas une découverte. Elle appelle plutôt les remarques suivantes :

- L'initiative de filmer l'agent furieux et de diffuser la cassette dans toute l'entreprise a été prise indépendamment de la direction qui n'a appris l'affaire qu'après. C'est parce qu'il a constaté l'électrochoc que Bertrand Martin, en questionnant, a vu le film. Il a été le dernier au courant. Le fonctionnement de l'entreprise ne ressortit pas seulement aux contenus des décisions qui sont prises ou pas. Il est, en amont de cela, déterminé par le processus de prise de décision lui-même. Comment et par qui sont prises les décisions ? Comment se fait-il qu'un reporter se sente habilité à prendre une décision aussi importante que de faire et diffuser ce film ? Comment se fait-il que dans la plupart des entreprises une telle histoire n'aurait pas pu se produire ?

Nous étudierons cette question plus loin car elle engage la stratégie.

- La réaction du reporter est créative car elle n'est pas la réaction habituelle que l'on est censé avoir dans la situation où il s'est trouvé. Être créatif, c'est réagir à côté, c'est éviter l'enfermement dans une présentation binaire de la situation. On n'est plus pour ou contre la réaction normale - en l'occurrence faire ou pas ce que demande l'agent - on est ailleurs. Notre histoire montre que la créativité est une arme redoutable à tous les niveaux de l'activité humaine. Vous n'êtes jamais obligé de faire ce que l'on attend de vous ou le contraire de ce que l'on attend de vous. Vous pouvez toujours faire autre chose.

- Ce n'est pas offenser gravement le sens commun que de remarquer qu'en faisant entrer le client dans l'entreprise, on résout de façon immédiate un certain nombre de problèmes réputés insolubles. Tout le monde sait qu'il faut brancher le personnel sur le client. Le dirigeant, quand il constate des comportements irresponsables de son personnel, pense (et parfois dit) : *« Les fous, s'ils savaient ce que pensent les clients ! »* Soit, mais pourquoi ne le savent-ils pas ?

Pour la simple raison que c'est plus difficile à dire qu'à faire, que ça demande de la créativité ainsi qu'on vient de le voir. On sait que si l'on réussissait à brancher le personnel sur le client, il y aurait moins de problèmes. Mais on ne sait pas le faire.

Dès lors, on invente la stratégie. Elle apparaît comme un processus de médiation entre le client et l'entreprise. La stratégie est un truchement issu d'un constat d'échec. L'échec, c'est l'incapacité de faire entrer complètement le client dans l'entreprise. Alors on assujettit le geste de l'opérateur à une stratégie conçue en fonction du client. L'opérateur n'a pas besoin de connaître le client s'il applique la stratégie.

D'où, d'ailleurs, les paroles provocantes de dirigeants comme Bertrand Martin qui ont su créer dans leur entreprise une exposition au client très forte : *« Nous ne faisons pas de stratégie. »* Ou plutôt ce qui est équivalent : *« Nous ne faisons que de la stratégie. »* La pensée se précise, ainsi que l'a rapporté Vincent Lenhardt : *« Si Napoléon a gagné à Austerlitz, ce n'est pas parce qu'il était un stratège de génie mais parce qu'il avait formé des troupes capables de manœuvrer la nuit. Nous, on s'occupe des troupes, on les rend capables de manœuvrer en les exposant au client. La manœuvre est simple quand les troupes savent manœuvrer et ont envie de manœuvrer. »*

Bien entendu, cela n'est pas à prendre au pied de la lettre. Nous allons tenter, dans ce chapitre, de tracer les contours de la stratégie dans une entreprise fortement exposée aux bienfaisants rayons du client.

La fixation des objectifs

La stratégie se décline dans la réalité de deux façons : réagir à des situations et se donner des objectifs. Parlons ici des objectifs puisque, selon une idée bien ancrée : « *Il n'y a pas de vent favorable à celui qui ne sait vers quel port il va.* » Sans objectifs, point de stratégie, sans stratégie, point d'objectifs. L'entreprise se fixe donc des objectifs qui sont ensuite déclinés en sous-objectifs dans les différents services.

Première conséquence : on se bat sur la borne. Quand le supérieur hiérarchique et son subordonné discutent de la fixation de l'objectif du subordonné - pour peu qu'il y ait discussion, ce qui constitue déjà un cas favorable - il est clair que leurs intérêts sont divergents. Le subordonné veut fixer l'objectif le plus bas possible pour augmenter ses chances de l'atteindre, le supérieur hiérarchique veut fixer l'objectif le plus élevé possible pour augmenter la performance de l'entreprise. Si l'on part de la proposition du chef, on négocie à la baisse, si l'on part de la proposition du subordonné, on négocie à la hausse. Dans tous les cas, ce que gagne l'un est perdu par l'autre. On est dans une logique conflictuelle alors que *« l'ennemi est ailleurs »*. La fixation de l'objectif peut et doit être l'occasion d'un échange qui converge vers un but commun. Ce débat importe davantage que l'objectif lui-même. Autrement dit, l'objectif n'est peut-être pas le véritable objectif. L'objectif de l'objectif est le subjectif.

L'objectif est une notion fermée. L'objectif est statique alors que la vie est mouvement. Il marque un coup d'arrêt dans le temps qui ne respecte pas la continuité de la vie. Si l'on atteint l'objectif avant le terme, que faut-il faire ? N'est-il pas dangereux de dépasser l'objectif ? Ne va-t-on pas, par la suite, fixer un objectif trop difficile ? Ne va-t-on pas considérer que finalement cet objectif était trop facile puisqu'il a été atteint plus tôt que prévu ? Dans une organisation, il y a davantage de raisons de ne pas dépasser l'objectif que de raisons de le dépasser. « On se calme. » L'objectif encourage les mauvais côtés des systèmes bureaucratiques. Il est d'ailleurs éclairant que la plus belle faillite économique réussie par un système bureaucratique - l'URSS de la grande époque - n'a jamais manqué d'objectifs précis à tous les niveaux. Il y en a eu des plans, des bonds en avant, des splendides avancées sur le front de machin chose. Au jeu du *« comment réussir à échouer ?»*, l'objectif a sa juste place.

Avec les objectifs considérés de façon fermée, la logique conflictuelle ne s'instaure pas seulement dans la ligne hiérarchique mais aussi entre les personnes. Chacun peut trouver intéressant de réaliser son objectif au détriment de l'objectif des autres. L'esprit de compétition entre les personnes qui devraient collaborer peut être ravageur. Alors que *« l'ennemi est ailleurs »*.

Il est en fait impossible de décrire un objectif général comme la somme d'objectifs particuliers. Cela serait possible si on pouvait concevoir de façon abstraite une organisation parfaite qui a tout envisagé. Or, une organisation ne peut être parfaite que par rapport à l'environnement. Encore faut-il que cet environnement soit connu ou du moins prévisible. Notre monde, loin d'être prévisible, se caractérise par la présence de l'aléa à tous les niveaux de réalité. Aléa technique, humain, financier, politique, etc. Aléa irréductible. Par ailleurs, même quand le monde n'est pas aléatoire, il n'est pas connu complètement. L'organisation ne peut pas tout prévoir. La réalité offre toujours d'infinies nuances et d'infinies différences. La somme des objectifs particuliers, pour l'entreprise, n'est pas l'objectif général mais une catastrophe probable.

La vie est mouvement au regard duquel un objectif n'est jamais atteint. On a atteint un objectif. Et alors ? La vie continue. Il faut bien un objectif derrière. Ce n'est donc pas l'objectif qui est intéressant, puisqu'il n'est qu'une étape, mais bel et bien le mouvement, les objectifs successifs, autrement dit, les étapes.

Il vaut mieux passer la borne sans la voir pour ne pas se laisser endormir par un succès forcément provisoire. On n'arrête pas le temps sur ses succès. La vitesse de franchissement est plus importante que la borne que l'on franchit, *« Les bornes ont des limites »,* disait Coluche.

Pour sortir du piège où l'on se bat sur la borne, il vaut mieux parler d'axe, de direction. On est d'accord sur la direction dans laquelle on veut avancer. Ensuite on rêve. « *Si tout se passait merveilleusement, jusqu'où pourrait-on arriver ?* » On peut bien se poser cette question si l'on est d'accord sur l'axe, sur la direction. Ensuite on examine les obstacles qui peuvent empêcher que ce rêve se réalise. Et l'on travaille sur ces obstacles. Comment les lever ? Nous n'entendons pas ici nier que toute action poursuit un objectif qu'il vaut mieux connaître. Mais ce qui compte dans le voyage qu'est l'entreprise, comme dans tout voyage, c'est le voyage lui-même, bien davantage que l'endroit où l'on va.

Il ne faut pas oublier, par contre, d'envisager le mauvais scénario. En mettant les choses au pire, jusqu'où risque-t-on de tomber ? Et comment éviter que les choses tournent au pire ? Entre le rêve et le scénario catastrophe, l'écart peut être grand. Bertrand Martin a présenté un budget 1994 avec une prise de commande prévisionnelle entre un milliard (scénario catastrophe) et trois milliards (scénario possible). Cela peut paraître peu sérieux et plus d'un actionnaire congédierait un p.-d.g. qui se présenterait devant lui avec un tel discours, mais dans l'activité de New Sulzer Diesel, telle est la réalité de la vie. Dans le cas présent le budget a été fixé à 1,8 milliard et le résultat atteint fut finalement de quatre milliards.

L'objectif ne tire pas l'entreprise, il peut seulement servir d'élément de coordination. Dès lors, il ne s'agit plus d'un objectif mais d'une prévision. Un objectif est une prévision à laquelle on assigne une fonction stratégique - l'ardente obligation de réaliser la prévision - et une prévision est un objectif auquel on refuse cette fonction stratégique. Nous avons ici détruit l'objectif comme pilier de la stratégie. Il convient d'approfondir cette voie en contestant la planification stratégique elle-même.

La décadence de la planification stratégique

> « *Je fais les plans de mes batailles avec les rêves de mes soldats endormis.* »
>
> Napoléon

Le livre de Henry Mintzberg, *La planification stratégique* (Dunod, 1994), constitue une charge lourde, bien argumentée, sérieuse contre la planification stratégique. Comme l'auteur a pris le temps d'étudier une documentation abondante, d'aller voir sur le terrain et qu'il ne manque pas d'humour, on y trouve un bêtisier assez hallucinant de ce qui a pu se faire. Les affirmations de Mintzberg, que nous allons synthétiser ici, paraîtront choquantes. Souvenons-nous cependant qu'elles concernent la planification stratégique et non la stratégie en soi. Mintzberg attaque la vision rigide et déterministe de la stratégie.

Quelques points saillants parmi bien d'autres :

- **La planification stratégique ignore la mise en œuvre.** Souvent, les planificateurs ne voient pas que leurs plans ne sont pas mis en œuvre. Quand ils s'en aperçoivent, ils ne se remettent pas en question. Il ne leur vient pas à l'esprit qu'il y a peut-être une bonne raison à cette absence de concrétisation. Si la mise en œuvre est faite et aboutit à des échecs, la théorie n'est pas remise en question. La planification stratégique fonctionne comme un processus irréfutable. Avec l'irréfutabilité, commencent l'idéologie et le totalitarisme, comme l'a bien montré le philosophe Karl Popper.

- **La planification stratégique va à l'encontre de la réactivité.** Il est dans la nature de la planification stratégique d'introduire de l'inertie dans l'entreprise. Il ne faut pas le lui reprocher, elle est faite pour cela. *« Une stratégie est formulée pour diriger des énergies dans une certaine direction ; l'inertie est par conséquent non seulement un résultat inévitable mais aussi le résultat qui est désiré. »* Quand le monde devient imprévisible, la planification stratégique se trouve prise à son propre piège, rendant impossible les solutions qui sauveraient l'entreprise.
- **La planification stratégique méprise l'intuition.** L'auteur passe un peu vite sur ce point : la planification stratégique se croit vraie parce qu'elle pose que les processus mis en œuvre pour son élaboration sont objectivement les seuls possibles. Les processus de pensée sont tous réductibles à des modèles. Herbert Simon, le seul penseur du management à avoir reçu le prix Nobel d'économie, écrit : *« La première chose que nous avons apprise, et la preuve empirique de cela est maintenant substantielle, c'est que ces processus humains (la résolution de problèmes, la pensée et l'apprentissage) peuvent être expliqués sans que l'on ait à faire le postulat de l'existence de mécanismes situés à un niveau subconscient qui seraient différents de ceux qui sont partiellement conscients et partiellement verbalisés. »* Autrement dit, le comportement et les modes de pensée humains sont descriptibles à partir d'un modèle. On peut donc modéliser et rendre objective l'élaboration de la stratégie. Il s'agit là d'une affirmation que l'on pourrait considérer, n'était la charité, comme accablante d'ignorance et d'arrogance intellectuelle. Ignorance : l'évolution de la science fait émerger l'idée de complexité, c'est-à-dire finalement d'impossibilité d'une représentation complète de la réalité et encore moins de la pensée humaine. Nous savons aujourd'hui, sauf Herbert Simon, qu'aucun langage, qu'aucune connaissance, qu'aucune théorie, ne peut trouver sa légitimité dans ses propres principes fondateurs qui ne sont que des postulats ou, comme disait Euclide, des « demandes ». Nous savons, sauf Herbert Simon, qu'il est impossible d'appréhender individuellement des éléments en complémentarités. Nous savons que la carte n'est pas le territoire, que la décision est prise en fonction de la carte et s'applique au territoire, que dans cette différence se trouvent les difficultés de l'action.

Arrogance : pour Herbert Simon comme pour tous ceux qui s'accrochent au scientisme, la théorie est d'une part logiquement correcte et, d'autre part, objectivement vraie (elle décrit complètement le territoire). Dès lors, la décision stratégique issue de la théorie appliquée à une information objective et complète est objectivement la meilleure. Il n'y a pas à sortir de là. Que le monde soit turbulent, la connaissance subjective et incomplète, la théorie valable dans un domaine restreint, les hommes imprévisibles ne saurait entrer en ligne de compte. Il n'y a pas à sortir de cela.

- **La planification stratégique ignore la turbulence.** Encore un peu de Mintzberg de bonne facture : *« De fait, même les grands visionnaires se trompent parfois dans les domaines mêmes qui les rendent éventuellement célèbres. On rapporte que Thomas J. Watson, fondateur d'IBM, disait en 1948 : « Je pense qu'il y a un marché mondial pour environ cinq ordinateurs » ! »* Si notre capacité à prévoir souffrait quelques déficiences en 1948, déficiences à l'époque sans conséquences dramatiques pour les entreprises, elle subit maintenant des déroutes qui sont devenues la règle. *« Toute activité de prévision est une perte de temps »*, affirme Mintzberg. Alors il y a beaucoup de gens qui ont beaucoup de temps à perdre. Bertrand Martin fait la même constatation à partir du terrain : *« Je ne sais pas ce qu'il va se passer mais je sais que ce ne sera pas ce qu'il y a dans le plan. Dans ma vie professionnelle, j'ai vu beaucoup de plans stratégiques. Je n'en ai jamais vu un se réaliser. »*

- **La planification stratégique ne dit rien de ce qu'est réellement la stratégie.** Selon Mintzberg, la planification stratégique correspond à une application du taylorisme à la stratégie. Mais le taylorisme a été inventé pour améliorer le travail dans les usines, pas pour faire de la stratégie. *« Ce que tous ces auteurs ont fait, par conséquent, a été ce que Taylor n'a jamais osé faire : sauter directement au niveau du prescriptif. En toute ignorance du fonctionnement du processus stratégique, ils ont proposé un ensemble simpliste d'étapes comme étant leur « méthode optimale » pour créer la stratégie de l'entreprise, prétendant dans leurs écrits les plus naïfs que cette méthode stimule l'intuition, et dans leurs écrits les plus arrogants qu'elle lui est supérieure. »*

Taylor partait de quelque chose de concret : l'observation d'un geste. Le planificateur ne part que de la confiance qu'il a en sa méthode. De cette méthode indiscutable, il déduit des énoncés universels. La stratégie est bonne parce que la théorie et juste. Et la théorie est juste parce que la stratégie est bonne. CQFD.

Le livre de Mintzberg montre ce dont on pouvait se douter par ailleurs : la pensée anglo-saxonne sur le management accuse une certaine rigidité en stratégie. En dépit de son scientisme, elle est gobée avec délectation dans le monde entier. Des gens comme Igor Ansoff ou Herbert Simon paraissent, passés au scalpel de Mintzberg, assez inquiétants. Mintzberg a beau jeu d'ironiser. C'est pourtant cette pensée qui domine, par survivance du mythe américain peut-être, ou plus simplement parce qu'elle s'exprime en anglais et bénéficie d'un large marché.

Que quelques auteurs retardent est banal, qu'ils aient été autant pris au sérieux est plus significatif. Car les objections que leur oppose Mintzberg sont de bon sens. Son livre fait le même effet que si on lisait aujourd'hui un livre d'un économiste russe nous expliquant que la collectivisation des moyens de production n'est pas la meilleure façon d'assurer la prospérité. On se dirait que cela relève certes d'un bon sens peu contestable mais point d'une sidérante nouveauté. Sans doute, au niveau des pratiques, il reste un public à convaincre et Mintzberg argumente sans faille. Mais au niveau du débat d'idées, on est surpris. Y a-t-il vraiment débat ? On a l'impression que l'Amérique a parfois du mal à détordre ce qu'elle a tordu. Le fait même que Mintzberg ait besoin d'écrire ce livre est en soi étonnant.

Mintzberg lui-même reste dans le système de pensée de ceux qu'il critique. Il n'élucide pas les causes profondes d'un simplisme qu'il partage en partie. Pas de réflexion sérieuse sur la notion d'objectivité appliquée à la décision, pas de qualification des différents types d'environnements, pas de piste solide sur ce que serait une méthode d'élaboration d'une stratégie, pas de réflexion consistante sur le rapport liberté - stratégie, sur la réactivité, etc. Rien sur la complexité, rien sur les théories du chaos, aucune intuition sur les règles du jeu de l'économie de l'immatériel.

Nous n'avons pas la prétention de faire ici un livre de stratégie. La critique de Mintzberg est fondée, c'est la raison pour laquelle nous la reprenons à notre compte. Par ailleurs, il est nécessaire de déblayer devant la porte de la planification stratégique pour rendre plus claire l'approche ici présentée.

La turbulence et la diffusion de l'information

Les objectifs sont conçus, en général, comme une façon de répondre à la turbulence. Sans objectif, comment supporter des variations de change, des changements dans les décisions des clients, les variations de prix des matières premières, etc. La turbulence représente la discontinuité dans tout ce qui ne dépend pas de moi. L'objectif représente la volonté dans tout ce qui dépend de moi. Il semble logique de penser qu'il faut d'autant plus de volonté qu'il y a davantage d'aléas. Plus la conjoncture est incertaine, plus il faut faire de prospective. Non pour prévoir l'avenir, ce qui est, comme le souligne Mintzberg, une perte de temps, mais pour le construire.

L'absence d'objectif paraît inquiétante. Mais l'objectif est aussi inquiétant par son côté statique. Une vision de l'avenir permet de surmonter ce qui dépend de moi et détermine ce qu'il y a lieu de faire face aux aléas qui ne dépendent pas de moi. L'objectif a ceci d'inquiétant qu'il rigidifie ce qui ne doit pas l'être en raison justement de la turbulence. Le refus d'avoir des objectifs précis n'implique pas l'absence de volonté par rapport à ce qui dépend de moi mais bien au contraire l'organisation d'une volonté réaliste.

La stratégie, dans sa réflexion *« quels produits sur quel marché ? »*, se confine dans une analyse par segments qui considère que la qualité et le prix s'obtiennent mécaniquement à partir des décisions d'allocations de ressources. Deux entreprises faisant les mêmes choix stratégiques arrivent aux mêmes résultats.

En réalité, au-delà de ces grands choix, les petits ruisseaux font les grandes rivières. Une fois déterminées les allocations de ressources, la qualité et le prix dépendront de l'engagement de chacun pour obtenir la qualité et minimiser les coûts. La plupart du temps, la capacité à surmonter l'aléa, la turbulence, se joue avec les petits ruisseaux.

Vécu par Bertrand Martin en 1984, quand CCM Sulzer perdait 10 % à 15 % de son chiffre d'affaires. Pour redresser l'entreprise, expliquait Bertrand Martin à chacun, il faut faire 10 % de mieux partout. Là où l'on achète cent, il faut acheter quatre-vingt-dix, là où on met cent heures, il faut en mettre quatre-vingt-dix et là où on vend cent, il faut vendre cent-dix. La réaction des opérateurs, à tous les niveaux, fut de penser qu'il blaguait. *« Quoi ? Le problème ce n'est que ça. C'est pour ça qu'on nous inquiète depuis des années. Pourquoi ne nous l'a-t-on pas dit plus tôt ? Gagner 10 %, ce n'est pas un problème. »* Ce ne fut effectivement pas un problème. On pensera que Sulzer, en 1984, n'était pas un modèle d'organisation. C'est possible. Il n'empêche que c'est beaucoup plus de 10 % qui furent gagnés et que cette histoire relativise la notion de coût standard et d'indicateur objectif. Les tableaux de bord sont faux tandis que les petits ruisseaux peuvent couler ou se tarir selon la façon dont on invite les hommes à le faire. Beaucoup plus tard, quand Sulzer fut devenue une entreprise réputée bien organisée, la divergence d'évaluation entre la base et la direction se manifesta encore. L'atelier produit une trentaine de moteurs par an quand tombe une grosse commande. Il faut augmenter la production. La direction de la production affirme que l'évaluation la plus optimiste que l'on puisse faire sur les capacités de production est d'une soixantaine de moteurs par an. Soit, mais à l'atelier, les ouvriers indiquent quant à eux qu'ils pourront faire soixante-dix moteurs par an. Finalement, ils en feront soixante-quinze.

La carte n'est pas le territoire. Or la décision se prend en fonction de la carte et s'applique au territoire. Si l'on ne va pas sur le terrain, on fait construire des ponts là où il n'y a pas de fleuve.

Le fait d'avoir une vision ne remet pas automatiquement en marche les petits ruisseaux.

Le réveil des petits ruisseaux a été explicité dans une pièce de théâtre écrite en 1985 par Michel Fustier inspiré par CCM Sulzer (la pièce connaît, paraît-il, un certain succès en Grande-Bretagne). Citation :

Alors Martin[(1)] expliqua :
Les petits ruisseaux font les grandes rivières.

Quand la grande rivière ne coule plus - la grande rivière du bénéfice, je veux dire -, ce n'est pas parce qu'elle y met de la mauvaise volonté, ni parce qu'elle est tout à coup devenue paresseuse, ni parce qu'il y a des pertes souterraines :

c'est tout simplement parce que les mille petits ruisseaux qui se jettent dans la grande rivière ne lui apportent plus d'eau. Et s'ils ne lui apportent plus d'eau, c'est qu'ils sont eux-mêmes desséchés. Il n'y a pas de mystère.

Ils murmurèrent : *Ce qu'il dit est juste.*

Martin reprit : *Tout le problème est donc celui des petits ruisseaux. Or chacun d'entre vous se trouve avoir la responsabilité d'un petit ruisseau...*

Esparbrille fronça le sourcil... Ils dirent : *Comment cela ?*

Martin continua : *Un peu de perte sur le tour 34, et un peu de perte dans les casiers du magasin, et un peu de perte parce qu'il y a des erreurs sur les bordereaux, et un peu de perte parce que la téléphoniste - peut-être, je n'en sais rien, c'est un exemple - n'est pas assez aimable avec les clients... Tout ça, ce sont les petits ruisseaux desséchés qui ne nourrissent plus la grande rivière.*

À ce moment Esparbrille, le délégué du personnel, sentit le péril et s'avança en grondant : *La classe ouvrière ne permettra pas... Ce sont en réalité les carences de la direction...* Mais ils étaient déjà tous au courant. Ils dirent : *Chut, tais-toi* !

Et Martin continua : *Alors moi, qui ne sais même pas la marque du tour 24, ni même s'il y a un tour 24, qui ne sais pas où se trouve le magasin, qui n'ai aucune idée de la façon dont il faut tenir un planning et qui n'ai jamais entendu la voix de la téléphoniste, comment voulez-vous que je vous dise la manière de remettre en eau tous les ruisseaux ?*

Donc quand vous me demandez ce que je vais faire, je vous retourne la question. La seule façon d'alimenter à nouveau la grande rivière, c'est de

(1) Il s'agit bien de Bertrand Martin qui a accepté que l'on utilise son nom dans un cadre théâtral.

ressusciter les mille ruisseaux. Et pour cela, vous qui êtes les maîtres des ruisseaux, c'est vous qui savez ce qu'il faut faire.

Vous êtes plus de mille ouvriers, cela veut dire que chacun de vous détient un millième de la solution. Et il n'y a que lui qui le détient parce qu'il est le seul à savoir exactement comment ça se passe chez lui. Mille millièmes, cela fait toute la solution.

Je suis votre chef, mais je ne peux pas manger ni boire à votre place, ni faire pipi pour vous.

Ils dirent : *C'est évident.*

Il répondit : *Je ne sais pas si c'est tellement évident que ça... Jusqu'à présent vous avez vécu dans une philosophie de la soumission. Il vous faut vivre dans une philosophie de l'initiative.*

Ils lui dirent : *Pourquoi est-ce que tout à coup tu emploies des grands mots ?*

- Alors, je vais dire des gros mots... Non, ça me démange, mais pas de gros mots...

- Nous t'aurions peut-être compris !

- ... Mais si dans trois jours... (on peut avoir de bonnes théories, mais il ne faut pas en être prisonniers !)... *Si dans trois jours vous n'avez pas fait la liste détaillée de toutes les choses qui ne vont pas, chacun dans votre coin, et de toutes les idées que vous avez pour que ça aille mieux...*

Je prends mes cliques et mes claques et je me tire.

- Là, tu parles clair. On ne sait pas encore si on a envie de te garder, mais nous allons nous réunir pour examiner tes propositions. Tu penses toujours la même chose à propos des règles ?

- Toujours. La faillite, elle n'est pas née de la conjoncture mais de ce qu'il y a toujours dans vos têtes : à savoir les fameuses règles.

Ils dirent : *Non. Ici, tu parles sans savoir.*

- Je parle comme je parle. À vous de jouer.

Le jour suivant ils revinrent : *Vraiment, nous ne voulons pas changer les règles.*

- Très bien. Hier encore nous avons perdu sept cent mille francs.

Le second jour ils revinrent et ils dirent : *Les règles, ça compte quand même, non ?*

- Bien sûr que ça compte ! Et conformément aux règles, hier nous avons encore perdu neuf cent mille francs. Moi aussi je compte : aussi bien que les règles ! Plus ça va, moins ça va !

Le troisième jour ils revinrent et ils dirent : *Bien ! Que faut-il que nous fassions ?*

Il leur dit : *C'est bien fini avec les règles ?*

Ils répondirent : *Oui. Enseigne-nous.*

Il dit : *Tout ce qui peut être enseigné ne vaut pas la peine d'être appris. Mais, puisque vous êtes devenus des hommes libres, agissez comme des hommes libres.*

Michel Fustier : *La véridique histoire d'un patron qui ne donnait pas d'ordres*[2].

La décision et la culture du débat

La stratégie est l'expression de la volonté de l'entreprise dans son environnement. Cette volonté se matérialise par des décisions qui sont autant de discontinuités dans le fonctionnement de l'entreprise. On décide de lancer ce nouveau produit. La décision est prise à un instant donné et change l'état de l'entreprise qui vit ainsi des discontinuités. La stratégie tente d'éclairer la pertinence de cette décision ainsi que de l'instant où elle est prise. Du contenu de cet éclairage nous ne dirons rien, puisqu'il ne s'agit pas ici de faire un ouvrage de théories stratégiques, mais nous nous intéresserons à la façon dont cette décision est prise et du rapport entre le mode de prise de décision, la pertinence de la décision et l'application de la décision. Sujet que la stratégie néglige souvent, ainsi que Mintzberg en a l'intuition, délaissant les petits ruisseaux qui alimentent les grandes rivières.

Une décision stratégique se prend avec tous ceux qui sont concernés par la décision. Pourtant, comme disait Anatole France : *« Pour prendre une*

[2] *Nous ne reprenons pas à notre compte l'idée que Bertrand Martin ne donne pas d'ordres. Son propre témoignage, comme le texte de Michel Fustier, montrent sa détermination sur sa vision des processus à mettre en œuvre.*

décision il faut toujours être un nombre impair et jamais plus de deux. » Certes un groupe peut voter, mais un groupe n'est pas responsable en tant que groupe. Chacun est responsable individuellement. Ce n'est pas l'Allemagne en général qui est responsable du nazisme mais chacune des personnes qui a voté pour Hitler, arrivé au pouvoir, il faut le rappeler, le plus démocratiquement du monde.

Comme on sait que les tableaux de bord sont faux, il faut éclairer la décision par du débat. La stratégie de l'entreprise, c'est d'abord du débat. Du vrai débat fondé sur la culture de la parole.

Bien souvent, le débat se résume à l'approbation formelle des idées du patron. *« On est drôlement content de voir qu'on a un patron aussi compétent »,* entend-on sur la ligne officielle, politiquement correcte. Puis, *off the records* : *« Le vieux délire de plus en plus, on va dans le mur. »* Combien d'entreprises où les décisions « concertées » se passent ainsi ?

Histoire apocryphe : Khrouchtchev dénonce les crimes de Staline devant un plénum d'apparatchiks le 24 février 1956. Soudain une voix anonyme s'élève : *« Et toi, camarade Khrouchtchev qui dénonce si bien, que faisais-tu pendant ce temps-là ? »* Silence de mort. Khrouchtchev regarde l'assistance, menaçant : *« Qui a dit cela ? »* Nouveau silence de mort. Alors Khrouchtchev conclut : *« Eh bien camarade, je faisais comme toi, je me taisais. »*

La culture du débat n'est pas innée. Elle suppose que la direction pratique ce qui lui est peut-être le moins familier : le silence. Plus on a de pouvoir, plus il faut savoir la boucler. Cette culture du débat requiert précisément quatre phases ou quatre conditions :

- **Un appel à l'aide.** Cette parole, il faut en avoir vraiment besoin. Il faut l'appeler, la solliciter. Les gens ne sont pas reconnaissants des services qu'on leur rend mais des services qu'ils vous rendent. Eugène Labiche a écrit en son temps une pièce là-dessus, *Le Voyage de M. Perrichon.* Il ne faut donc pas hésiter à solliciter l'aide. La hiérarchie est souvent trop préoccupée d'aider, de faire à la place, finalement d'infantiliser. *« Pour une fois qu'une direction nous appelait à l'aide, on n'allait tout de même pas la lui refuser »,* a conclu un salarié lors de l'assemblée générale de Sulzer le 29 juin 1984.
- **Le vide.** Ensuite il faut se taire. Écouter, avoir réellement besoin de

l'aide que l'on sollicite. Il faut laisser se développer des débats horizontaux hors de la direction. Que les hommes en charge du développement des produits débattent avec ceux du commercial et fassent des propositions à la direction. La direction décide à partir des débats de la base. On ne crée pas du débat par décret, on lui laisse occuper un espace vide. « *C'est quand vous vous êtes tu que vous nous avez donné de l'espoir* », disent des salariés de Sulzer à leur patron en se remémorant les événements de 1984.

- **L'authenticité.** Ensuite il faut jouer le jeu jusqu'au bout, ainsi qu'argumenté précédemment.

- **La liberté de parole.** La liberté de parole, c'est la parole accordée sans contrôle. Chacun est contrôlé par sa propre responsabilité vis-à-vis de l'entreprise. L'histoire du film sur un client fou furieux qui tétanise l'entreprise est un exemple de la façon dont on crée du débat en libérant la parole.

Ce n'est pas le jour où le débat devient la seule voie de survie possible pour l'entreprise que l'on peut créer la culture du débat. Il est alors trop tard et l'on risque de payer la culture du non débat ou du faux débat.

Cette culture du débat va à l'encontre des objectifs individuels qui supposent que chacun peut se débrouiller tout seul. Les objectifs individuels ne laissent pas beaucoup de place à l'entraide, à l'idée que je peux grandir par les autres. Les gens qui ont des objectifs plutôt que des visions sont inquiétants en ce qu'ils n'ont pas une approche globale.

Par la culture du débat en quatre points - appel à l'aide, vide, authenticité, liberté de parole - nous espérons indiquer une stratégie qui soit l'inverse de la planification stratégique, une stratégie alimentée des petits ruisseaux.

Le changement n'est pas la mort

Les prises de commande à l'exportation, pour New Sulzer Diesel, ont été de 400 millions en 1989, 3,7 milliards en 1994, suivis d'une chute brutale en 1995. Le chaos et la turbulence se manifestent par ces effets de *stop and go.* À la fin de 1994, les commandes Chine se bloquent pour une durée indéterminée. Si cet arrêt dure trop longtemps, l'entreprise devra réduire ses effectifs. Tous les salariés le savent. L'un d'eux répondait récemment à un journaliste qui l'interrogeait : « *Qu'est-ce qui a changé pour vous ? - Ce qui a changé, c'est que si je devais être licencié - et cette menace demeure - j'aurais moins peur car j'ai pris confiance en moi.* »

Ils avaient admis ce point essentiel - mais difficile à admettre - que le changement n'est pas la mort. L'immobilité est la mort, le non changement. « *Veuillez licencier vos salariés dans l'état où vous souhaiteriez les trouver en les embauchant.* »

Nous devons changer pour ne pas mourir. Mais changer, c'est un peu mourir. La nécessité du changement personnel, nécessité imposée parce que tout change autour de nous, nous place face au tragique de la mort. Mort totale si l'on ne change pas, mort partielle si l'on change. Il y a du tragique parce qu'il y a de la mort dans le changement.

Contre cela nous inventons la planification stratégique qui nous dit qu'on peut diriger l'avenir, c'est-à-dire changer en sachant où l'on va. Un peu comme si l'on savait de façon certaine, avant de mourir, ce qu'il y a de l'autre côté de la mort. Ce qui reste pour nous de l'ordre de la foi, en passant dans l'ordre du savoir, diminuerait la peur de la mort. La planification stratégique opère la même modification en montrant que l'incertitude de l'avenir peut être vaincue par l'intelligence qui planifie.

Or il s'agit d'un leurre tout aussi naïf que celui des faux prophètes qui vous parlent de l'au-delà en prétendant en revenir. Ils ne parlent plus de foi mais de savoir. Bien entendu ils mentent, comme mentent les sectateurs de la planification stratégique. Sectateur : membre d'une secte.

Il reste le tragique de la mort et du changement face auquel on parle de vie, d'entreprise vivante par et pour des hommes vivants. À chaque instant, tout est possible car la stratégie est une suite de bifurcations. L'avenir est à la fois exaltant et angoissant : le changement est la vie, il est aussi la mort. À chacun de le regarder comme il lui convient ou comme il le peut.

Le rapport au changement n'est en fait que l'apparence d'une substance moins explicite : le rapport à la peur. Peur qui est sublimée dans la conquête et l'exercice du pouvoir.

Chapitre 4 :

Le pouvoir et ses oripeaux

Les figurants et les uniformes

Abel Gance raconte dans ses souvenirs un événement étrange qui marqua le tournage de son film *Napoléon*. Pour ce film, il recruta beaucoup de figurants qui devaient constituer les armées. Comme il se doit, ces figurants furent vêtus d'uniformes. Il y avait des uniformes français, prussiens, anglais, russes, etc. Certains figurants portaient des uniformes d'officiers et d'autres des uniformes de simples soldats. Or, observa Abel Gance, au bout de quelques jours, les officiers mangeaient avec les officiers et les soldats avec les soldats. Ces figurants d'origines quelconques qui ne se connaissaient pas avant le tournage avaient rapidement reconstitué une société avec des classes sociales en fonction du seul signe distinctif de leur environnement : les grades apparents sur les uniformes. Alors que ces grades avaient été distribués au hasard et ne signalaient aucune distinction particulière des individus.

Observation similaire dans les camps de concentration. Tout semblait en apparence converger, dans ces camps, vers une société sans classe entre les prisonniers : absence d'argent, égale misère, uniformes. Pourtant se constituait très vite un système de classes fondé sur des distinctions variables selon les cas mais toujours précises. Il y avait une aristocratie des prisonniers et un prolétariat. Tous les survivants en ont témoigné.

Les sociétés s'organisent en classes et ces classes apprennent à se reconnaître à de multiples signes mineurs. Dans son livre phare, *La Distinction*, le sociologue Pierre Bourdieu montre comment les distinctions sont fondées sur des détails non explicités qui excluent ceux qui les ignorent. Le brillant sujet d'origine sociale modeste ne comprendra jamais pourquoi son ascension au sein de la banque machin chose est moins rapide que celle de ses camarades de promotion. Il ne saura jamais qu'il ne faut pas employer tel mot, oublier de faire telle chose. Personne ne le lui dira, sa carrière sera victime du fonctionnement souvent inconscient des castes.

Pour le philosophe René Girard, la distinction permet d'éviter la violence. Plus une société est égalitaire, plus elle aiguise les envies, plus elle est violente. Pour Girard, la jalousie, l'envie (la *mimesis*) sont les sources de toute haine et donc de toute violence. Or l'égalité de droit n'empêche pas les inégalités de fait, mais elle les rend insupportables. L'égalité débouche sur la violence comme on le voit, semble-t-il, dans la société américaine dont l'égalité est la principale valeur et où le nombre de repris de justice par habitants est huit fois celui de la France.

Ce phénomène de castes que l'on observe dans l'entreprise comme ailleurs est sans doute un obstacle au style de management que nous avons voulu promouvoir dans ces pages. Bertrand Martin se débarrasse des oripeaux du pouvoir. Mais ce type d'expérience n'est-il pas contre nature ou plutôt contre culture ? N'est-il pas destiné à rester l'exception ?

Le premier changement accepté par Bertrand Martin est la suppression du parking réservé à la direction. Démagogie facile penseront certains. Est-il réaliste de chercher la voie de la performance dans une entreprise sans classes ? Cette question nous est posée par l'expérience de Bertrand Martin.

L'inégalité de dignité

On prête l'histoire suivante à un technocrate de haut vol : *« Il existe deux sortes de gens, les polytechniciens et les autres. Il existe deux sortes de polytechniciens, ceux du corps des mines et les autres* (N. B. : le corps des mines réuni les onze premiers de chaque promotion de polytechnique). *Mais il existe deux sortes de corpsards des mines, les majors et les autres. Mais il existe deux sortes de majors, moi et les autres. »*

On dialogue beaucoup dans les entreprises, mais on parle rarement à égalité de dignité. Car on se préoccupe surtout de savoir qui parle plutôt que d'examiner ce qui est dit. Le discours marque le pouvoir du chef, la soumission du subordonné. Et cela est d'autant plus vrai que l'on parle pour cheminer vers une solution. En apparence, on discute objectivement. En réalité, les relations dictent les contenus. La relation de pouvoir empêche l'égalité de dignité.

Or la relation de pouvoir se marque à travers les oripeaux du pouvoir qui sont là pour rappeler à chaque instant et à chacun la nécessité de sa soumission. Place de parking, épaisseur de la moquette, dimension du bureau, profondeur du fauteuil, etc., autant de symboles qui rappellent à chaque seconde que la discussion ne se situe pas à égalité de dignité.

L'inconvénient de cette discussion inégale est de ne pas cheminer vers la solution. Le critère d'autorité se substituera au critère de pertinence.

Souvent, celui qui est sur le terrain sait ce qui manque à son chef pour trouver la bonne solution puisqu'il voit la réalité de plus près. Il sait, mais habituellement on ne lui demande rien. Si on lui demande quelque chose, l'épaisseur de la moquette lui fera comprendre que son intérêt est de renforcer les préjugés du chef plutôt que de dire ce qu'il sait, voit, croit ou pense. Isolement du pouvoir.

Ainsi nos dirigeants de grandes entreprises se retrouvent-ils dans des situations difficiles, contraints d'avouer des pertes importantes quand ce n'est pas des ennuis personnels considérables. Pourquoi si tard, après tant de dégâts ? Tout le monde peut commettre des erreurs à la mesure de ses responsabilités. Mais comment ignorer si longtemps les conséquences de pareilles erreurs ? Quelle coupure entre base et sommet ces exemples révèlent-ils ?

Enfermés dans leurs tours d'ivoire, inconscients de l'épaisseur des murs qui les entourent, les dirigeants ne peuvent pas prendre les décisions justes. Les oripeaux du pouvoir qui les isolent sont des éléments de confort qui leur paraissent peut-être naturels, un dû à leur dignité d'hommes de pouvoir. Ainsi naît insidieusement le sentiment que le pouvoir vous place dans une caste à part. D'où une nouvelle forme de barbarie cachée sous les formes bénignes de l'arrogance et de la mégalomanie ordinaire.

La barbarie du pouvoir : suite.

La barbarie du pouvoir

Le pouvoir drapé dans ses oripeaux est isolé. La mégalomanie de celui qui l'occupe en est flattée, son goût du confort aussi. Mais il lui manque encore la satisfaction d'un désir de l'être humain : être aimé pour ce qu'il est. Or ce qu'il est, c'est un chef. Quand les chefs veulent être aimés, ils sortent de leur fonction et entrent dans la barbarie.

Tout pouvoir résulte d'une force ainsi que l'a montré Jean-Jacques Rousseau. Autrement dit, le pouvoir n'est ni aimable ni admirable parce qu'il détient le pouvoir. Il est simplement fort. Je dois lui obéir parce qu'il est fort, je ne dois pas l'aimer parce qu'il serait aimable.

Vouloir se faire aimer parce qu'on détient le pouvoir, c'est mélanger ce qui ne doit pas l'être, c'est tenter de violer la liberté de l'autre. Car il est juste que le pouvoir demande l'obéissance, c'est dans sa fonction, dans son ordre. Mais l'amour est d'ordre privé, il appartient à chacun de le donner ou pas, indépendamment des relations de pouvoir. Le pouvoir qui recherche l'amour est un pouvoir qui demande davantage que ce qui lui est dû. Il devient barbare.

Cette barbarie est inscrite dans la logique du couronnement, du pouvoir drapé dans ses oripeaux, ses symboles, ses parkings réservés et ses salles à manger particulières.

Logique du découronnement

> « *Il y a peu de chances qu'on détrône le roi des cons.* »
>
> Georges Brassens

En disant : *« Je ne sais pas »*, Bertrand Martin a opéré un *« découronnement managérial »,* selon l'expression d'Éric Jauffret. En accompagnant ce discours de l'abandon de sa place de parking, il a donné à ce découronnement sa dimension symbolique, comme s'il avait ôté sa couronne en public.

Il a renoncé à ce que le pouvoir compte de violence, simplement en demandant de l'aide. Le pouvoir est le résultat d'une force, la violence est toujours latente dans les relations de pouvoir. Le pouvoir n'est consenti que par la conscience réciproque de cette violence possible, de cette force potentielle, dissuasive, qui n'a plus besoin de s'exercer, qui se contente d'être là. Le pouvoir est un enjeu, il est l'objet de stratégies de conquête qui à tout moment peuvent faire resurgir la violence destructrice. Pour survivre, les sociétés doivent inventer des façons de contenir et contrôler les soubresauts de violence destructrice. Pour René Girard, les sociétés contiennent la violence et la division en refaisant leur unité contre une victime désignée : le bouc émissaire. Le sacrifice humain ritualise l'unité autour du bouc émissaire.

Dans l'entreprise, le rituel d'unification est opéré par la désignation d'un responsable. On exclut un bouc émissaire, ce qui fait croire qu'on a trouvé enfin la cause des difficultés.

René Girard voit dans l'attitude du Christ une façon de rompre le cycle de la violence. En pardonnant à son bourreau, la victime n'entre plus dans le rôle du méchant, elle ne remplit plus sa fonction symbolique de bouc émissaire. La victime devrait se défendre, cela fait partie du rôle qui lui est imparti. Le Christ nous dit : *« Assez de violence »*. La victime retourne la situation. Par le bas, par l'échec, par l'acceptation de sa mort au bénéfice incertain de la communauté.

Bertrand Martin propose quant à lui un retournement par le haut. Aux discours terrorisants habituels dans les cas d'entreprises en difficultés, il oppose lui aussi un : *« Assez de violence »*. Assez de peur, assez de barbarie.

Ce retournement s'effectue par le haut car il s'inscrit dans une stratégie cohérente, s'ouvre sur la vie et le succès. Il ne débouche pas sur un sacrifice aux résultats incertains, mais au contraire sur un succès qui interpelle la barbarie sur son propre terrain, celui de la force. Ainsi l'alternative est ouverte, la violence du pouvoir, l'inégalité de dignité ne sont pas des lois inéluctables et invariantes de l'entreprise.

Les effets vont être rapides car ce discours, venant du haut, bénéficie d'une grande amplification.

Ce ne sont pas les parkings de direction qui font vivre les entreprises ; ce sont, un petit peu, les parkings des clients. Ce n'est pas l'arrogance du management ni le cynisme des actionnaires, c'est souvent la bonne volonté des opérateurs et la dignité des salariés.

Chapitre 5 :

Ce que nous ne voulons plus

Refus et révoltes

Le 25 avril 1996, je me trouve à Tours. J'écoute Andréù Solé intervenir devant le club progrès du management sur le thème de la prise de décision. L'intervenant annonce qu'il va passer un film dont il est l'auteur : *« La boîte noire de monsieur Martin ». « Encore Bertrand Martin,* me dis-je mi-amusé mi-compassé. *On me l'accommode à toutes les sauces. »* Après le film, Andréù Solé explique que pour lui, la décision fondatrice de Bertrand Martin est de ne plus vouloir licencier. Et l'intervenant, professeur aux HEC, explique, lui, ce qu'il ne veut plus enseigner sur le management. Fin de journée. Avant que nous nous quittions sans émotion inutile, une dernière question surgit de la part d'un participant : « *Monsieur Solé, ce que vous nous avez dit, vous l'enseignez à vos élèves ? - Oui. - Et on vous laisse faire ? - Oui. - Quand on voit les jeunes HEC dans les entreprises, on ne dirait pas qu'ils vous ont entendu. - C'est que je ne les maîtrise pas.* » Merci à Andréù Solé, les pages qui suivent lui doivent beaucoup, fors leurs défauts selon l'expression consacrée.

Je me rends compte que ce qui peut nous réunir et peut-être nous rapproche de Bertrand Martin est davantage négatif que positif. Comme si nous vivions une même exaspération face à une vision du management qui empêche de dire et de faire l'essentiel. Le management sert à rassurer, à faire croire au maintien de certaines règles du jeu moyennant quelques accommodements qui sont autant de concessions à la modernité et au changement. Mais en cherchant à rassurer, il définit une réalité qui bloque.

L'audit l'a dit, il doit y avoir des licenciements chez Sulzer en 1984. C'est un fait objectif, indiscutable. Bertrand Martin est venu pour faire ces licenciements. La réalité a été dite : Sulzer France va disparaître. L'actionnaire le sait, la concurrence le sait, le personnel le sait, les consultants le savent. On ne va tout de même pas discuter de la réalité de la réalité. On se rassure en s'obligeant à manager cette situation dans toute sa cruauté et sa difficulté. C'est cela être un responsable.

Le comité de direction qui reçoit Bertrand Martin ne doit pas avoir une très haute idée de lui-même à ce moment-là. Si l'entreprise est dans cette situation, c'est bien sûr qu'il a mal géré, mal anticipé, mal décidé. Or que fait-on des mauvais gestionnaires, anticipateurs et décideurs quand la situation est difficile ? Simple, on les sacrifie en premier. Le comité de direction s'attend donc sûrement à être la première victime désignée de ce que l'on appelle avec un sens léger de la litote « la restructuration ». En général, vous êtes restructuré à l'ANPE.

On attend donc un patron à poigne qui coupe des têtes sans trembler et dise aux survivants, s'il y en a, où il faut aller.

C'est là que le management avale son premier grain de sable. Que dit Bertrand Martin en substance ? *« Je compte sur vous pour me dire ce qu'il faut faire et je vous fais confiance. »* La seconde affirmation est plus déstabilisante encore que la première. Notons que le comité de direction mettra beaucoup de temps à s'approprier la démarche du patron. La base, elle, est active lors de l'assemblée générale du 29 juin 1984. Elle n'a pas été longtemps déstabilisée quand Bertrand Martin a dit qu'il ne savait pas où il fallait aller. Certes ce discours est inhabituel dans la bouche d'un patron stipendié par le grand capital, mais la base sait bien qu'il touche juste. On constate chaque jour, à la base, que les patrons ne savent pas où il faut aller, qu'ils font semblant de savoir et que souvent ils finissent par se tromper eux-mêmes, se risquant à croire aux mensonges qu'ils inventent pour les autres. Pour la base, il s'agit donc d'un retour au bon sens. Pour le comité de direction, le patron a peut-être commis un sacrilège, il a dévoilé ce que l'entreprise ne doit pas savoir, à aucun prix. Le roi est nu. *« Faites attention à ce que vous dites »*, avertit le directeur des ressources humaines. Faites attention non pas parce que ce que vous dites est faux, mais parce que c'est vrai et que nous ne sommes pas dans une situation où nous pouvons nous permettre de dire la vérité. Les éminences grises sont rarement hautes en couleurs, sauf avec les patrons daltoniens.

Il y a eu comme un lézard et je voudrais simplement vous dire comment et pourquoi, selon moi, ce petit lézard a pu avaler une montagne.

Soyez impertinent avec la pertinence

Les décideurs décident, qui serait fondé à le leur reprocher ? Pour décider ils s'informent. Ils s'informent pour prendre la bonne décision, cela va de soi. Telle est la croyance. Or cette croyance est contestable. Sa principale fonction est de légitimer le décideur dans ses décisions. Le respect de la procédure (information et usage de la raison) garantit au décideur qu'il est un bon décideur, un décideur qui prend de bonnes décisions.

Explicitons cependant les postulats implicites qu'il y a derrière cette geste du décideur. Voici donc ces postulats :

1 - Les décisions prises seront appliquées.

2 - Ce qui va arriver dépend des décisions prises.

3 - La décision dépend de l'information.

4 - Il existe une information objective que l'on peut rechercher.

5 - La raison est capable de distinguer dans l'information objective l'information pertinente.

Le point commun entre tous ces postulats est d'éliminer la subjectivité. Si on s'en tenait à cela, tous les bons décideurs devraient tous décider la même chose au même moment, en fonction d'une réalité unique. Pour saisir le sens de la contestation que nous émettons ici, revenons encore une fois à Bertrand Martin lorsqu'il arrive chez Sulzer. Pour constater qu'il ne s'intéresse pas beaucoup à la réalité. Il ne sait pas ce qu'il faut faire, la réalité technique de la production lui échappe. Il ne s'intéresse pas beaucoup non plus à la réalité décrite par les audits qui précisent qu'il va falloir licencier. Il ne prend pas de temps à contester cette réalité, simplement il l'ignore. Donc Bertrand Martin est un très mauvais décideur au sens du bon décideur défini plus haut.

Bertrand Martin s'accroche à un point qui lui est personnel : Bertrand Martin ne veut plus licencier. Autrement dit, Bertrand Martin s'intéresse à Bertrand Martin avant de s'intéresser à Sulzer. Cela est si vrai qu'un décideur responsable l'aurait sûrement traité d'irresponsable. Et c'est parce que la situation est désespérée qu'on a laissé agir un irresponsable. Dans une situation normale d'entreprise, l'actionnaire n'aurait pas confié la barre à un Bertrand Martin. Aucun actionnaire ne lui avait donné carte blanche auparavant. Mais l'actionnaire n'avait plus le choix. Lorsqu'il avait été recruté pour Sulzer, Bertrand Martin avait précisé à son actionnaire qu'il ne lui rendrait pas de comptes, sauf ce que la loi exige. Il avait prévenu qu'il ne tournait pas très rond. Mais l'actionnaire désespérait de trouver un kamikaze pour Sulzer France.

Retour aux postulats des décideurs responsables.

Postulat 1 : les décisions prises seront appliquées. Faux. Elles seront peut-être appliquées. Si ceux qui doivent les appliquer décident eux-mêmes de les appliquer. Il y a là une première illusion de la maîtrise chez les décideurs. Illusion habituelle qui consiste à croire que la réalité se plie sans résister intensément aux mots, aux discours, aux modèles.

Postulat 2 : ce qui va arriver dépend des décisions prises. Faux. Ce qui va arriver dépend en partie des décisions prises et en partie du hasard. Or les recherches des psychologues sur le contrôle (Cf. Nicole Dubois, *La psychologie du contrôle*, Presses Universitaires de Grenoble, 1989) montrent que les décideurs surévaluent nettement la part des décisions par rapport à celle du hasard. Le propre du décideur est de croire à la décision plus qu'au hasard. Mais il s'agit surtout d'une croyance. Telle est la deuxième illusion de la maîtrise.

Postulat 3 : la décision dépend de l'information. Faux. La décision est acte qui sert à aller chercher de l'information. Pour s'informer, il faut agir, donc décider. Information et décision ne sont pas disjointes mais constituent plutôt la trame l'une de l'autre.

Postulat 4 : il existe une information objective que l'on peut rechercher. Faux. L'information est toujours interprétée. La vision, nous apprend Francesco Varela, est issue à 80 % d'une information interne. Autrement dit, on ne voit pas la réalité, on construit une réalité à partir d'éléments venus de notre cerveau (les fameuses formes *a priori* de la sensibilité et les non moins fameuses catégories *a priori* de l'entendement de Kant dont la philosophie a trouvé un point d'appui dans la neurophysiologie moderne). La construction de la réalité est un processus actif, il y a donc autant de réalités construites que d'individus. Dans la décision, le décideur ne fait que projeter ses croyances. Il ne décide jamais en fonction d'une information objective.

Postulat 5 : la raison est capable de distinguer dans l'information objective l'information pertinente. Faux. La pertinence est ce qui permet de décider juste. On en a donc besoin au moment de décider. Or la pertinence ne se juge qu'après coup. La pertinence est donc une non notion, un voile pudique dont on recouvre la non rationalité de la décision. Pire encore, la pertinence varie selon la profondeur temporelle avec laquelle on la juge. Un fumeur a envie de fumer. Il fume. La décision est pertinente en fonction de son envie de fumer. Un jour, il s'aperçoit qu'il a un cancer du poumon. La décision de fumer est devenue non pertinente. Il guérit et écrit un best-seller sur son expérience de la maladie. La décision est redevenue pertinente. Devenu riche, il veut profiter de la vie et voyager. Mais il meurt dans un accident d'avion. La décision est redevenue non pertinente. Il arrive au paradis et saint Pierre lui dit : *« Votre livre a rapproché beaucoup d'hommes de Dieu. Entrez. »* La décision est redevenue pertinente. On ne sait pas si le paradis est un lieu non-fumeur.

Autour de la pertinence se développe la troisième illusion de la maîtrise.

Il nous reste à explorer ce que serait un décideur débarrassé de la névrose de la maîtrise.

Décider le possible et l'impossible

« Néanmoins, dans l'ensemble et en moyenne, ce seront toujours les mêmes possibilités qui se répéteront, jusqu'à ce que vienne un homme pour qui une chose réelle n'a pas plus d'importance qu'une chose pensée. C'est celui-là, qui pour la première fois, donne aux possibilités nouvelles leur sens et leur destination, c'est celui-là qui les éveille. »

Robert Musil, *L'homme sans qualités,* Éditions du Seuil, 1995.

L'idée de la réalité est construite par chacun. La réalité ne nous impose aucune décision, il nous appartient à nous et à nous seuls de définir ce qui nous est possible et ce qui nous est impossible. Par ailleurs, nos décisions n'ont qu'une influence limitée sur le cours des choses. À long terme, toutes les conséquences de nos décisions sont imprévisibles.

Quelle place alors pour le décideur ? Il n'est pas illégitime d'exercer un pouvoir dont on est investi, il est même irresponsable de ne pas le faire. Mais le rôle principal du pouvoir n'est pas de décider, il est d'ouvrir des possibles et de définir l'impossible. D'éveiller une réalité somnolente. Contrairement à ce qu'on lit dans les livres ou les journaux, aucun patron n'a jamais redressé une entreprise. Une entreprise n'est redressée que par son personnel. Au patron de rendre le redressement possible, de l'autoriser. *« Si vous le voulez, ça m'intéresse d'être votre patron. J'attends votre réponse. »*

Le possible n'est pas certain. L'autorisation du possible nous extrait du système de valeurs de certitude. Nous ne sommes pas certains de réussir, nous ne maîtrisons rien. Or la névrose de la maîtrise ne se soigne pas facilement, surtout chez des adultes benoîtement satisfaits de leurs succès passés et sélectionnés pour avoir développé assez jeune cette névrose de la maîtrise. Un patron qui dit : *« Je ne sais pas, je vous écoute »* ne fait pas ce qu'on attend de lui. Surtout, il ne fait pas ce pourquoi il a été programmé. Polytechnique, les états-majors, les lambris dorés, tout cela sélectionne et renforce la névrose de la maîtrise. On se sent le maître sous les lambris. Il faut donc que se soit glissée une erreur dans le programme pour dépasser la maîtrise. Bertrand Martin explique qu'il a découvert la réalité de l'entreprise en passant des nuits sur le terrain, avec des ouvriers. Ce n'était sûrement pas ce qu'on lui demandait de faire. L'erreur de programmation est partie de là. La nuit, s'éveillent d'autres réalités où les lézards avalent les montagnes.

Trente ans plus tard, on écoute Bertrand Martin. Il le faut bien puisqu'il a réussi. Mais est-il vraiment compris ? La réaction des décideurs qui l'écoutent est souvent à double détente. Premièrement c'est intéressant, c'est même troublant. Deuxièmement, il faut expliquer pourquoi cela ne nous concerne pas. *« C'est une situation particulière, il a eu de la chance. »* Comme toutes les situations sont particulières et que la chance se mêle de tout, on ne prend pas grand risque à dire cela.

Avant de parler, avant de décider, les humains savent ce qui est possible et ce qui ne l'est pas. C'est en fonction de cela qu'ils décident. Avant de décider, ils savent ce qu'ils vont décider parce que le possible leur semble une donnée objective. Exercer un pouvoir responsable, c'est comprendre que chaque mot définit pour l'autre un possible dont il s'emparera peut-être avec jubilation pour enfoncer les barrières de l'impossible.

Conclusion :

L'Apollon de Bellac

Jean Giraudoux, dont le talent chatoyant a rendu en son temps une éclatante dignité à la scène française, est surtout connu pour avoir écrit en 1935, dans un élan de pessimisme qui confinait à la lucidité, La guerre de Troie n'aura pas lieu. *Une autre de ses pièces, plus tardive (1942),* L'Apollon de Bellac *(Grasset, 1971), brise la montée des désenchantements en nous invitant à une méditation légère sur le pouvoir.*

Giraudoux, ce maître de la légèreté profonde, ce prince du dilettantisme sérieux, savait comme nul autre rendre légère une méditation. Une méditation en un acte unique. Et unique, Giraudoux sut l'être à plus d'un titre, lui qui fut lauréat du Concours général et champion de France d'athlétisme.

Un oxymoron vivant cet homme, (l'oxymoron est l'association en une même expression des contraires, exemple : la force tranquille).

Une jeune femme se plaint d'échouer dans toutes ses démarches. Elle n'a aucun pouvoir sur les autres. Elle rencontre un monsieur, de Bellac justement (Giraudoux y est né en 1882), qui lui livre le secret du pouvoir sur les autres :

« - Dites-leur simplement qu'ils sont beaux !

- Leur dire qu'ils sont beaux, intelligents, sensibles ?

- Non ! Qu'ils sont beaux. Pour l'intelligence et le cœur, ils savent s'en tirer eux-mêmes. »

La demoiselle expérimente - non sans réticence et hésitation - la formule. En vingt-quatre heures se résolvent ses problèmes au-delà de toutes espérances.

Rien n'empêche de lire la pièce de Giraudoux comme une farce sur la manipulation. La flagornerie tire sa force de la vanité des hommes. Une source sûre. La pertinence de la leçon ne l'empêcherait point, tout de même, de choir dans les oubliettes de la banalité. Des oubliettes où la pertinence s'oublie aussi bien que l'impertinence. Mais Giraudoux regarde derrière le miroir de la vanité. Il voit que si les hommes se croient intelligents et sensibles - ce qu'ils ne sont pourtant que rarement et encore plus rarement de leur fait - ils ne se croient pas beaux. Au fond de toute âme patauge le petit tas malodorant de secrets qui blesse le sentiment de la beauté et la beauté du sentiment. Dans le tréfonds de l'être ricane la somme des petitesses où s'abîme l'harmonie du cœur.

Et pourtant :

« C'est vous l'aveugle. Car il suffit vraiment, pour les trouver beaux, de regarder les hommes dans leur souffrance et leur exercice. Et chacun a sa beauté, ses beautés. Sa beauté de corps : ceux qui sont massifs tiennent bien à la terre. Ceux qui sont dégingandés pendent bien au ciel. Sa beauté d'occasion : le bossu sur le faîte de Notre-Dame est un chef-d'œuvre et ruisselle de beauté gothique. Il suffit de l'y amener. Sa beauté d'emploi enfin : le déménageur a sa beauté de déménageur. »

Oui, les hommes sont beaux si l'on sait les regarder comme tels. Giraudoux nous suggère quelques pistes. Certains rappellent *le Penseur* de Rodin, d'autres l'*Esclave* de Michel-Ange. Pour ceux qui n'évoquent aucune sculpture classique, on se référera sans hésiter à *L'Apollon de Bellac,* modèle à tout faire. Peu importent finalement Rodin et Michel-Ange car la beauté est dans le regard, dans la capacité à la reconnaître. Leçon de positivisme : une beauté que l'on ne voit pas peut-elle exister et une beauté que l'on voit peut-elle ne pas exister ? Giraudoux suggère dans la dernière scène que ce regard porté sur la beauté et qui, du même coup la crée, vient de ce que le chrétien appelle la charité. Sans se référer explicitement à la troisième vertu théologale, l'auteur ne cèle pas la laideur du regard qui voit la laideur.

« Ils ont des oreilles et ils n'entendent pas, ils ont des yeux et ils ne voient pas. »
Ils ne voient pas que les hommes sont beaux. Le mystère du pouvoir sur lequel on glose depuis si longtemps est peut-être là, dans un regard de charité. Chaque homme a sa grandeur et sa petitesse, selon ce que l'on veut regarder. Mais il n'aime pas que l'on regarde sa petitesse. Il n'est plus dès lors question de manipulation mais seulement de posture intérieure. Cette posture de charité à laquelle l'Écriture nous invite.

Jésus, sans pouvoir ni micro, a changé la face du monde.
Par son regard de charité.
Et si le pouvoir n'était que le regard de la charité !

Article de Bruno Jarrosson - *Professions et entreprises* - numéro 809 - Février 1993

Table des matières

Le catalogue des Editions INSEP

Sur votre demande, nous vous adresserons le catalogue de nos publications.

J. Piveteau : ***L'entretien d'appréciation du personnel***
D. Noyé : ***Réunionite : guide de survie***
C. Darvogne et D. Noyé : ***Organiser le travail pour qu'il soit formateur***
G. Herniaux et D. Noyé : ***Organiser et améliorer les processus***
Claude Flück, Comité d'Expansion Économique de la Vendée, INSEP :
Anticipez, identifiez vous-même les compétences utiles à votre PME
Frédéric Tiberghien : ***Le rapport qualité/temps dans la performance de l'entreprise***
J. Piveteau : ***Mais comment peut-on être manager ? (!)***
Collectif : ***Changer les organisations du travail***
J. Piveteau et D. Noyé : ***Comment communiquer de façon efficace ?***
E. Verne : ***Comment conduire un entretien de recrutement ?***
L. Sahuc : ***Comment identifier les futurs managers ?***
C. Flück et C. Le Brun Choquet : ***Développer les emplois et les compétences***
B. Legrand et C. Rubert : ***Faire son bilan***
D. Tissier : ***Guide pour la gestion des unités et des projets***
D. Noyé et J. Piveteau : ***Guide pratique du formateur***
M. Leroux et M. Delain : ***Les dimensions cachées de la négociation***
V. Lenhardt : ***Les responsables porteurs de sens***
D. Tissier : ***Management situationnel***
D. Genelot : ***Manager dans la complexité***
G. Herniaux : ***Organiser la conduite de projet***
D. Noyé : ***Pour satisfaire nos clients***
C. Buchillet : ***Prendre la parole : guide pratique***

Nouveautés :

Bertrand Martin, Vincent Lenhardt, Bruno Jarrosson : ***Oser la confiance***
- Propos sur l'engagement des dirigeants

Vincent Defourny, Didier Noyé : ***Du bon usage des mots de la qualité***
- Les principaux termes : définitions et commentaires

Martin Ader : ***Management collectif de l'information***
- Gestion électronique de documents (GED) - Collectique (groupware) - Flux de travail (workflow)

Didier Noyé : ***L'amélioration participative des processus***

Vincent Defourny, Agnès Peter : ***Guide des métiers de la qualité***
- Pour les entreprises qui cherchent un professionnel - Pour ceux qui veulent le devenir

S. Shiba, B. Jouslin de Noray, M. Morel, D. Noyé, MFQ : ***Le Management par Percée***
- Méthode Hoshin

S. Shiba, B. Jouslin de Noray, M. Morel, D. Noyé, MFQ : ***La Conception à l'Écoute du Marché*** *- Organiser l'écoute des clients pour en faire un avantage concurrentiel*

Présentation du groupe INSEP

Présentation du Groupe INSEP

Le métier du Groupe INSEP est le conseil et la formation en management, dans quatre domaines principaux de compétences : la **stratégie**, les **ressources humaines**, l'**organisation**, les **nouvelles technologies** de l'information et de la communication.
Créé en 1967, le Groupe INSEP compte aujourd'hui **une soixantaine de consultants**.

Ses activités sont réparties dans les sociétés suivantes :

Trois sociétés à Paris :
INSEP-Consultants, la société d'origine,
INSEP Ingénierie, qui se consacre à l'ingénierie de la formation,
INSEP CorEdge, spécialisée dans les nouvelles technologies de la connaissance.

Cinq sociétés régionales :
INSEP Ouest, à Nantes, pour l'ouest de la France,
INSEP Stratégie Nord, à Lille, pour le nord de la France et la Belgique,
INSEP Pays Rhénans, à Strasbourg, pour l'est de la France et la Suisse,
INSEP Rhône-Alpes, à Lyon, pour le sud-est de la France,
INSEP A3D, à Nîmes, pour le sud de la France.

Trois implantations à l'Étranger :
En Allemagne à Stuttgart, en Espagne à Barcelone et à Madrid, en Pologne à Varsovie.

Le Groupe INSEP, dirigé par Dominique Genelot, est indépendant de tout groupe industriel ou financier : le capital des sociétés du Groupe INSEP est détenu en majorité par les responsables et les consultants.

Une clientèle de renommée internationale

Le Groupe INSEP s'est acquis la confiance des plus grandes entreprises françaises, publiques et privées, ainsi que des administrations, qui sollicitent régulièrement son appui pour concevoir et réaliser leurs stratégies de changement et pour développer les compétences de leurs collaborateurs et de leurs dirigeants.

Un capital d'expériences et de méthodologies

Depuis sa création, INSEP a généré un capital d'expériences et de méthodologies reconnues par la profession du conseil et de la formation. Cette expérience lui donne de solides atouts pour la conduite d'opérations de changement, tant dans le secteur public que dans le secteur privé de l'industrie ou des services : conseil stratégique, développement du management, gestion des ressources humaines, conduite du changement, évolution des organisations, développement de la qualité, organisation par projets, stratégies de communication, etc.
Un pilotage multidimensionnel du changement fondé sur les hommes
Le Groupe INSEP a une approche « systémique » du changement, prenant en compte simultanément et dans leurs interactions les différentes dimensions de la réalité : stratégique, humaine, sociale, culturelle, organisationnelle, technologique.
Les conceptions de l'organisation et de la conduite du changement proposées par le Groupe INSEP sont fondées sur le constat que ce sont les hommes qui construisent et font réussir les organisations, et non les procédures.

La publication d'ouvrages de référence par INSEP Éditions

La création d'INSEP Éditions en 1980 manifeste la volonté du Groupe INSEP de mettre à disposition du plus grand nombre ses réflexions et ses méthodes. La profession reconnaît au Groupe INSEP, à travers ses ouvrages, la recherche de qualité et de rigueur conceptuelle ainsi que l'attachement aux valeurs de la culture.

MISE EN PAGES FOURNIE

Achevé d'imprimer par Corlet, Imprimeur, S.A. - 14110 Condé-sur-Noireau (France)
N° d'Imprimeur : 22750 - Précédent dépôt : septembre 1996 - Dépôt légal : mars 1997 - *Imprimé en C.E.E.*